空性之舞

阿迪亞香提

EMPTINESS DANCING

ADYASHANTI

獻給我的父母
賴瑞與卡蘿・葛雷（Larry & Carol Gray），
感謝他們教會我如何笑。

目錄

INTRODUCTION
編序

愛的流動沒有既定計畫。
它只是流動，因爲它的本質就是動。

——阿迪亞香提

靈性導師阿迪亞香提所說的這些話，貼切地表達了他和學生們相會的本質。他會在每週共修、週末密集研習營和禁語僻靜會裡談論靈性覺醒的本質，而本書即是這些精彩談話的部分集結，其中所挑選的內容皆有其一致性與重要意義，都是對學生非常重要的課題。

「我的工作中心與你來到這裡的重點，就是要直接體驗你是誰，」阿迪亞香提如是說。「如果你連自己是什麼都不知道，怎能知道開悟是什麼？」他以一種獨一無二的方式傳遞眞理與自由，爲學生提供指標，帶領他們進入這場了悟一己眞實本性的探索。

關於阿迪亞香提

阿迪亞香提於一九六二年出生在加州舊金山灣區的一個小城市庫比迪諾（Cupertino），本名是史蒂芬．葛雷（Stephen Gray）。根據他所分享的一些故事，顯然他十分享受他的童年時光與多彩多姿的大家庭，其中包括兩個姐妹、四位祖父母，以及家族裡形形色色的親戚。他的祖父非常喜歡在他和親人們造訪時，爲他們做美洲原住民的舞蹈祝福儀式。進入青少年之後，他開始熱愛自行車競賽，但是他在十九歲的時候從書本裡讀到了「開悟」這個名詞，內心隨即被追求究竟眞理的熱烈渴望所占據。於是，他開始在兩位老師的指導下接受訓練，分別是前角博雄禪師（Taizan Maezumi）的弟子阿維斯．賈思提老師（Arvis Justi）和鈴木禪師（譯注：鈴木俊隆禪師）的弟子關寂照老師（Jakusho Kwong Roshi）。

阿迪亞香提說道，在他精進習禪將近十五年的時間後，終於對自己的眞實本性有所覺醒而體驗了一連串深刻的了悟，並消融了對個人身分的一切執著之前，他幾乎已狂熱至一種絕望狀態。一九九六年，他的老師阿維斯．賈思提邀請他開始講授禪法，一開始，只是一個非常小型的共修會，幾年之後演變爲一週有數百名學生參加的每週開示。佛教用「法」（Dharma）

這個字來表示究竟眞理——一切物質和心理現象底下的本質，以及一切生命眞正的靈性歸宿。而說法或開示（Dharma talks）就是由一位活在那眞理當中，已清楚了悟、並獲得可溯及佛陀之傳承下的老師所認可的人所給予的教示。

阿迪亞（他的學生都這麼稱呼他）身材削瘦、理著光頭，他的舉止優雅，散發出溫暖，擅於觸類旁通而且表達非常清晰。他的學生發現，當他以那雙幾近透明的淡藍色雙眼凝視著你時，經常能讓你卸除心防，而且似乎能穿透人心。阿迪亞的教學風格是流露自內心、直截了當的，不見禪的專門術語，卻包含了指向普世眞理的豐富線索。在他初次教禪之後的幾年間，已有許多學生從他的開示、他的**薩桑**（satsang，譯注：梵文音譯，指親近眞理或覺悟者）與僻靜會裡獲得啓發，藉著傳遞效應而體驗到了覺醒。

一位不凡的老師

阿迪亞的說法風格一向被拿來與一些早期中國禪師與印度的吠檀多不二論（Advaita Vedanta）導師相提並論。他和已故的不二論聖者尼薩伽達塔．馬哈拉吉（Nisargadatta Maharaj，譯注：1897-1981，一位幾近文盲、開悟的印度聖者），以及東、西方傳承下的覺醒師父十分相應，雖然他所帶領的僻靜會綜合了禁語禪修、佛法開示與師生對談，他探索覺醒之道的方式卻不是以培養靈性修煉能力為基礎，而是從卸除並且解構個人的身分認同下手。如同他的許多學生所體驗過的，我在和阿迪亞香提同在的時候，體驗到強力的覺醒經驗，這使我相信他就是我的老師。雖然我在遇見他的許多年前，早已放棄尋找老師的念頭和行動，但是我發現，一位老師或引導者確實能為混亂的頭腦指出一條出路並開啓我們的心，讓它直接進入位於存在根本的那一份愛與光明的空性裡。

這是一個不凡、深刻而且難以言說的經驗，它徹底消除了進一步追求靈性的欲望，讓那些了知的人單純地繫於一個極為簡單、寧靜並且開放的內在空間。我一向認眞地學習源自數個東方靈性傳統的教導，也是一名為他人的靈性旅程提供指導的老師與療癒師，但我卻從未清楚看見師生關係的這份神奇力量，直到我發現了**這位**老師，這位和我非常相應的老師。能夠幸運地遇見他，我內心十分地感激。

阿迪亞所體現的，是一個獲得靈性了悟的生命那無限的可能與平凡的單純。我的體驗是，他已活在空性與自由的圓滿當中，能夠在根植源頭與自發性、心靈與幽默，以及存在的形相與無形相層面之間，展現出一種充滿生命力的關係。

本書的教導

本書是從他一九九五至二〇〇二年間在薩桑共修會、週末密集禪修營與一般僻靜會的開示集結而成的。出版本書的目的是讓他的這些提示、愛，以及他的傳法能夠持續提醒他的學生，也讓更多無法親自與他同在的人接觸到這些內容。

之所以選錄這些談話內容，是因爲它們涵蓋了一個人和開悟師父共同探討覺醒與自由的本質及其體現時，會在初期出現的問題和主題。書中亦描述了阿迪亞香提的一些直接覺醒經驗，呈現出一個了悟自性者的經驗世界，例如：純眞、敞開、愛、無常、和諧、寧靜、深度，以及自由等。他的話語是內在深邃寧靜的流露，也是眞理的美好反映，因表達出眞正的我們是什麼而與我們的心深深共鳴。它們是眞理對眞理的說話，源頭爲源頭揭露出它的奧祕。

這份共鳴有一股力量，能中斷我們思想與情感反應的慣性模式，有助於讓我們解除自我中心的催眠狀態，並瞥見藏在生命底下的實相。這樣的認知確實能使我們的世界整個翻轉，將我們摔出頭腦的幻相而獲得自由。這種開啓過程揭示出如何活出生氣蓬勃、活力充滿、自由自在的全新方式。這一份煥發的生命力在這位老師和他的許多學生身上都獲得了具體的表達與呈現。無論我們多麼努力，都沒有人知道自己如何影響事件的發生。在我們的世俗生活裡，這製造出痛苦，也製造出許多意料之外的事。但是對靈性生活而言，這成了我們的恩典。當我們有能力在每一刻安歇於「不知」這個我們存在中最深的眞理時，便是允許那自發的升起並且喚醒我們。阿迪亞不斷告訴他的學生，不要固守於任何概念、不要相信他對他們說的任何話，而且不要執著於任何經驗。

靈性教誨能夠安撫智性頭腦，帶來智識上的理解，但是當覺性透過一位眞正的老師的話語和存在而流動，覺性本身或許能燃起心中的火焰，讓意識朝著了悟自性的方向前進。終究，我們每一個人都必須找到自己與眞理的連結。一位老師可以透過他的在場而爲這趟旅程提供指標與工具、激發一個人內在的流動。但是到最後，一切都將導向概念上的空無與無目標。你就是道路，道路會動，完全致力於揭露它自己。它會喚醒你對眞實本性的認識。靜靜地坐著，一個人不必做些什麼，只要允許那自然的覺性生起。眞正的老師是那個完全明白這件事的人，而活出這個眞理就是痛苦的終結。

社團的貢獻

佛（一切諸佛）、法（生命的眞理或教導）、僧（僧伽、靈性社團）在佛教傳統中稱爲「三皈依」，它們能支持靈性了悟的轉化過程。一位老師能夠提供眞理的活的存在、能提供教導，但是無法提供社團，也無法提供足以支持一年當中數十次共修與靜心所需的各項工作。

隨著阿迪亞香提的工作日漸拓展，僧伽（sangha，譯注：在西方，僧伽常做廣義解，泛指在家居士組成的佛法社團，而不限於僧人）開始發展起來了，有許多人也發現了自己獲得自由的能力。他曾形容自己和僧伽的關係就像置身火車的最後一節車廂，納悶著自己下一站要往哪裡去，因爲他並無任何有組織的目標或計畫。覺性或說靈性，只是單純地透過他對社團裡出現的事做出回應。

許多熱心投入的團員耗費數百個小時的時間錄音，並爲本書所摘選的內容謄寫錄音檔、製作並郵寄數千份的刊物和書籍，籌備、主持活動，接聽電話並處理信件等，在背後爲「開放之門僧伽」（Open Gate Sangha）這個非營利組織執行堆積如山的工作。

本書完全仰賴熱心投入這些工作的人才得以付梓，若沒有他們，本書就不會存在。我特別感謝爲這些共修進行錄音和謄稿的人，還有那些審閱書稿並提出編輯建議的人：Marjorie Bair，謝謝她爲本書貢獻了數小時廣博的編輯專業；Dorothy Hunt 與 Stephan Bodian，謝謝他們提供一開始的編輯方向；Prema，本書原始書封的美術設計，他身爲「開放之門僧伽」的基本工作人員已有四年之久，目前擔任創意總監，管理阿迪亞香提在許多錄音、書籍與其他媒體方面的出版發行事務。

我同時對所有參與「開放之門僧伽」工作的傑出人才與協助他們的數百位義工朋友，特別是阿迪亞的妻子安妮，表達我由衷的感謝。他們爲這個社團打造並且孕育了一個堅實的基礎，使覺醒和眞理能夠在我們周遭的世界散播。我很感激他們爲我的生命帶來了許多的感動，而我感到特別開心的是我可以爲這本書進行結集與編輯的工作，做爲服務眞理的一種方式，而且是在一個能夠重視、滋養以及延續這份工作的社團環境裡進行。身爲一個社團與世界各地致力於覺醒心靈之大家庭的一份子，確實是一份珍貴的禮物。那是我們的空性爲了喚醒它裡面的所有人，在源頭那廣闊無垠的敞開當中翩然起舞。

——**編輯　邦妮．葛林威爾（Bonnie Greenwell）**

PREFACE
前言

我歡迎你，是的，你，此刻正在閱讀這些字句的你。本書是爲你而寫的，談論的也是你。是否從來沒有人對眞正的你說過話？你自己是否又曾對眞正的你說過話呢？或者，你一直被你自己的外表、姓名、性別、家庭關係、性格、過往歷史，以及期盼有個更好的未來甚或更好的你這種暗地裡的願望所愚弄？我向你保證，這些微不足道的瑣事並無法形容或顯露出眞實的你，還差得遠了。

現在，請說實話，你難道不曾懷疑過，比起那鏡中人，自己其實更豐富，或者更貧乏？你難道不曾在某個極爲安靜的時刻，暗自渴望一窺自己和他人外表那層面紗背後的東西？

你身上有某種比太陽更燦爛、比夜空更神祕的東西。你一定曾暗自懷疑過這種東西的存在，但是你是否曾經沉潛至你那充滿奧祕的本質呢？

我向你充滿奧祕的本質表示歡迎。本書爲你而寫，談論的也是你，它是關於你的覺醒、關於你如何憶起什麼是眞實的你。所以，請繼續翻開書頁讀下去，翻到任何吸引你注意的章節。每一章的內容各自獨立，但同時也是前一章節的更深入探索。我信任你的智慧將帶領你來到確切的章節或頁面，讓它開啓你的眼或你的心，從而接觸你無限本性裡一切的不可思議。

本書以靈性覺醒做爲開始的第一章，以對永恆眞理的忠實做爲結束的最後一章。如果你還想進一步閱讀更多內容，下一本書的主題是著重在覺醒後的生活。不過，關於前言與這些未來即將發生之事的預告，說到這裡應該足夠了。重要的時間是當下，我的歡迎之意已經藉由這本書完全傳達至你的手中。

所以，如果你覺得喜歡，請繼續讀下去，但是容我先告訴你，靈性覺醒並非如你所想像。

——阿迪亞香提，二〇〇六年一月，聖荷西（San Jose）

阿迪亞香提

空性之舞

1

AWAKENING
覺醒

我的教導目的是開悟——從分離的做夢狀態中覺醒，回到「一」（the One）的實相中。簡而言之，我的教導是著重在了悟眞正的你。你可能也會在我的教導裡發現其他純粹因應人們當時的特定需求所做的回應，但是基本上，我只對你的覺醒感興趣。

開悟意味著對眞實的你覺醒過來，然後「是」（be）那個。了悟並且是，了悟並且是。單是了悟是不夠的，了悟自性（self-realization）的完成是成爲「是」，這表示去行動、去做出、表達出你的了悟。這是件深奧的事，一種全新的生活方式——活在實相中、做爲實相本身，而不是活出你做夢的頭腦中被設定好的想法、信念，以及衝動。

眞相是，你已經是你正在尋找的，你是以神的眼睛在尋找神。這個眞相如此簡單卻令人震撼，如此激進而且禁忌，以致你在忙亂的尋找過程中很容易錯過它。你過去或許已經聽過我現在所說的話，甚或相信了它，但是我的問題是，你是否以你一己的存在了悟它？你活出它了嗎？

我的話語是爲了撼動你醒過來，不是爲了告訴你怎樣把夢做得更好，你很清楚怎樣把夢做得更好。依據你聆聽時不同的心理與情緒狀態，我可能會對你很溫和、很輕柔，也可能不太溫和、輕柔。你和我說完話之後可能會覺得好過一些，但那只是覺醒過程的次要事件。醒來吧！你們全都是活著的佛，你們是神聖的空，無限的無。這件事我非常清楚，因爲我就是你之所是，你也是我之所是。放下你頭腦的所有概念與形象，它們來來去去，甚至不是由你所生，所以，既然實相是當下此刻的了悟，爲何還要如此在乎你的想像？

不要認爲覺醒就是結束。覺醒只是找尋的結束，找尋者的結束，但那卻是由你的眞實本性開始過生活的開端。那是一種全然不同的發現——由合一（oneness）來生活，體現出眞正的你，成爲表達出合一的人類。沒有變成那「一」個的問題，因爲你就是那個「一」。問題是，你是否是那個「一」的**有意識**表達？那個「一」是否對自己覺醒過來了？你是否憶起了眞正的你是什麼？如果是，你是否活出了它？你眞的有意識地做爲那「一」在過生活嗎？

我所有的任務都是關於覺醒，或者覺醒後所過的生活。無論我看起來**似乎**在談論什麼，我談論的其實都是這兩件事。

多年前，在我最終的覺醒之前，我渴求開悟。要認眞修禪，你必須有一點瘋狂才行。我的老師過去總是說：「只有瘋狂的人會留下。」我的瘋狂的其中一種表現方式，就是在週日清晨與老師帶領的團體一起禪坐的幾小時之前，我會更早起床，大約五點或五點半的時候，花額外的時間打坐。我會在一間小房間裡打坐，冷到渾身都快要凍僵了。

某個那樣的早晨，我打坐時發生了兩件事，一件接著一件，而且它們似乎非常矛盾。第一件事是我自然而然看見了萬物皆爲一。對我來說，它顯化爲前院的一聲鳥鳴，聽見啁啾的聲音，然後從我內在的某個地方突然生起了一個問題：「那個聽見聲音的是什麼？」我從未問過這個問題。我瞬間領悟到，我既是那聲音，也是那鳥，也是那個聽見鳥兒聲音的。聽見、聲音與鳥兒，全是同樣一個東西的顯化。我無法說明那一個東西是什麼，只能說那是「一」。

我睜開眼睛，發現房裡也發生了同樣的事——牆和看見牆的人是同樣的。當時我想，這實在太奇怪了，然後領悟到那個想著這個念頭的人也是那個的另一種化現。於是我起身，開始在房裡四處走動，尋找有沒有東西不是那個「一」的一部分。但是，每樣東西都是那個「一」的反映。一切事物都是那神聖的。我晃蕩到客廳，在踏出某個腳步之間，意識或說覺知，突然離開了所有東西，包括物質的東西或身體的東西或世上的東西。

在踏出某個腳步時，萬物消失了。隨之現起的是一個似乎是無數過去轉世身分的畫面，好像有一個接一個的頭排隊站好，一直延伸到我視野所及的最遠之處。我的覺知領悟到一件類似這樣的事：「我的天啊，我在無數世裡都與各式各樣的身分認同。」當下，意識——靈性（spirit）——領悟到，它與這些形相（form）認同得如此之深，因此一直到這一世，它仍眞的以爲自己是一個形相。

突然之間，意識脫離了形相的束縛而獨立存在。它不再與任何形相認同，無論那形相是一個身體、一個頭腦、某一世、一個念頭，或一個回憶。我清楚看見這件事，但是我幾乎不敢相信，好像有人忽然在我口袋塞了一百萬元，我卻不相信自己擁有這些錢，還不斷把錢掏出口袋。然而它卻難以否認，儘管我現在使用的是「我」這個字，其實並沒有「我」，只有那「一」。

這兩個經驗一起發生，其中一個發生在另一個發生之後的片刻。起初，我與萬物「合一」，接著，我成爲完全脫離身分認同而覺醒的意識或靈性，甚至脫離了「合一」。當「合一」脫落，依然有一種根本的覺性（awakeness）存在，但是它有兩個面向：我是一切，以及我是絕對的「無」。這就是覺醒，對自性（Self）的了悟。

下一件發生的事是我踏出了一個步伐，只是很普通的一步，那感覺彷彿一個嬰兒穩穩地踏出他的第一步，露出微笑看著四周，好像在說：「你看見了嗎？」你可以看見他有多麼喜悅！

我踏出一步，感覺像是：「哇！第一步！」然後另一步，再另一步，我不斷繞著圈子走，因爲每一步都像是第一步。那是一個奇蹟。

在每一個「第一步」，無形無相的意識與「合一」融合了，因此那總是將自己與形相認同的覺性，現在其實就在形相之內，無法分別。它不是透過任何來自過去的思想或記憶來看，而是單純透過五感。沒有任何的歷史或記憶，每一步都像是第一步。

然後，一個最好笑的念頭掠過我的腦袋——在禪修了十三年之後，這顯得非常滑稽——「哦，哦，我剛剛從『禪』裡頭醒過來了！」當你醒來，你領悟到自己從一切事物醒來，包括所有幫助你達到此一境地的事物。我所做的下一件事，是寫了一張奇怪的字條給我妻子，它大概是這樣：「生日快樂。今天是我的生日，我剛剛出生了。」我留下字條給她，然後當我駕車經過自家門前，正要前往共修時，我看見她站在那裡，手中揮舞著字條，她完全明白那是什麼意思，我也不知何以如此。

此後大約過了三個月的時間，我一直沒有告訴我的老師這次的經驗，因爲那似乎沒有意義。爲什麼有人需要知道這件事？我覺得沒有告訴任何人或接受任何道賀的必要。它似乎完全滿足於它自己之內、於它自己的一切。後來我才知道，我的經驗符合我的老師一直在談論的事。我了解到這次的覺醒就是所有的教導談論的重點。那次的經驗，以一種非常眞實的方式持續著，至今依然不變，它就是我所要談論的一切的基礎。

當我們眞正開始好好看看我們所認爲的自己時，我們會變得更容易感恩了。我們開始看見，儘管我們或許有各種不同的思想、信念與認同感，但它們並未分別地或總括地告訴我們自己是誰。一個奧祕將自動展現：我們會領悟到，當我們確實、仔細地把自己看個清楚，我們會大吃一驚地發現，人類竟完全以我們的頭腦、感覺，以及歷史的內容物來定義自己。有許多靈修形式是試圖摒除思想、感覺，以及記憶——讓頭腦一片空白，仿佛那是一種值得嚮往或充滿靈性的狀態。但是，讓頭腦一片空白未必是明智之舉。更有益的是**識破**思想念頭，並且認知到一個念頭只不過是一個念頭，或一個信念、一個回憶。那麼，我們就能停止將自己的意識或靈性和我們的念頭與心理狀態捆綁在一起。

在那第一個步伐之中，我明白透過我的眼睛和感官在看的，是覺性或靈性，而不是制約或記憶，我看見其實同樣的靈性也透過其他一雙雙眼睛在看。它是否透過其他的制約而看並不重要，它是一模一樣的東西。它到處看見自己，不止是在其他眼睛裡，也在樹木、石頭、地板裡看見自己。

似非而是的矛盾是，當這個靈性或意識開始品嘗到更多自己的滋味，亦即做爲覺性的一種單純的存在，而非思想、概念或信念，這種覺性就會更加反映在每一個地方。我們越是從自己的身體、頭腦與身分認同中覺醒過來，就越是看見身體、頭腦其實只是那同樣的靈性，同樣一個「臨在」（presence）的化現。我們越是了解到眞正的自己完全超乎時間之外、超乎世界之外、超乎一切發生之外，我們就越是能領悟到，這同一個臨在**就是**這個世界——一切發生的與存在的事，好比一個銅板的兩面。

覺醒的最大障礙就是相信它是一件罕見的事。當你拋棄這個障礙，或至少開始告訴自己：「我眞的不確定自己認爲覺醒很困難的信念是不是眞的。」那麼，一切將立即爲你所得。既然它是一切的存在，就不可能是稀罕的、困難的，除非我們堅信它是如此。它的基礎不是理論性的，而是經驗性的。沒有人將它教給我，也沒有人能將它教給你。

覺醒之美在於，當你不再透過你的制約而運作，那麼活在這生命中的「我」的感受將不復存在。多數人都很熟悉我活在這生命中的感受，但是當這件事被識破了，你的經驗將是：眞正控制並讓這生命運作的是愛，而這同樣的愛無時不在每一個人之內。當它努力應付你的個人問題時，它會消散，但是它依然存在。沒有人擁有這份愛，**每一個人**在本質上都是這份愛的化現。

無論是否有所覺察，你們都曾經在生命中體驗過這樣的時刻，那就是當你暫時忘記你一向認同的那個「我」的時刻。它可以在看見美麗的風景時自然而然發生，也可能因小我疏忽了而出現。人們通常不重視這樣的時刻。在體驗過「美妙時刻」之後，你會立刻重新建構自己熟悉的身分感。但是事實上，這些機會好比一個個小小的窺視孔，讓人們透過它們經驗眞理。你若開始留意，就會注意到它們。突然之間，你的頭腦會停止構思它的故事。你可能會注意到，你對於「我」這一個別的身分認同或感受稍稍獲得了歇息，而那眞實的你並未消失。那麼，問問自己：「何謂眞正的我？如果我的身分認同能暫時歇息，而我不會消失，那麼我到底是什麼？」或者倒不如這樣問：「當我**真的**消失時，我又是什麼？」

通常，頭腦會在回應「我是什麼？」這個問題時變得活躍。它會開始思考，直到眞實的智慧再度打斷它然後說：「等一等——那只是更多的思想念頭。」然後，在思想之間就能有一個安靜的空隙，而如果你在那空隙間能夠完全處於當下，你會停止扮演你所熟悉的身分。一旦那個身分跳回該空隙，你便不再覺得處於當下。成爲無名之輩通常會令頭腦十分困惑，因此它會迅速將那空隙塡滿。「我怎會是無名之輩呢？」但是以成爲某某人來塡滿它是毫無意義的。如果你眞的想知道自己是什麼，只要去體驗那空隙、體驗那份敞開，讓它在你內在開花結果。要發現自己到底是什麼，沒有其他更好的方式了。

這就是當靈性變得不僅眞實，而且還富有冒險性與樂趣的時候了。你問道：「這種敞開，這種臨在」——你怎麼稱呼它都好——「這就是眞正的我嗎？」你開始感覺或察覺到，你發現某種非思想、信念或信心而來的東西。而當你開始消化這種免於一切身分認同的覺性，那是會令人萬分震驚的。在禪宗裡，我們稱它爲「無生」（the uncreated），它是唯一非由頭腦創造的東西。

《聖經》裡有個美妙的寓言，說讓一頭駱駝穿過細小針孔比讓富人上天堂更容易。若試圖緊抓自己的身分認同，即便它們是最靈性的、最神聖的身分認同，就會像試圖將駱駝塞進針孔一般。它們太粗糙、太巨大、太不眞實、太過虛假了，以致無法進入眞理之中。然而，確實有一樣東西能穿過最細小的針孔。空，亦即你自身的無物，能夠直通天堂。我們沒有任何一個人能帶走一絲一毫自我中心的身分認同。

天堂就是當我們進入一己之「無」時發生的經驗。我們領悟了自己純粹的覺性，看見眞實的我們其實是無形無相的純粹靈性。我們認出了無形無相的靈性才是本質，那驅動萬物的「臨在」。那就是置身天堂之中，因爲在每一個步伐裡，靈性與本質占據了我們的身體，那即是「再生」的眞正意義。再生並非只是一種強烈的情感上或宗教上的轉化體驗。那可能很不錯，但只是換了件外衣罷了。再生是實際地**再次**出生，而非獲得一件新的靈性外衣。更正確的說法是，那是一種**不生**，因爲我們了悟到，其實是永恆的無正在活出這個我稱爲「我的生命」的生命。

然而縱使你領悟了眞理，獲得了靈性覺醒，也不表示你的生活將從此一路好運連連，那並不一定是超越人所能理解的平安（peace that surpasses all understanding，譯注：引申自《聖經》的說法）。其實只要我們覺得自己的生活還不錯，很容易就擁有平安的感受。但是生命自有它的作爲，一如海洋的流動，無論海浪是高是低皆同樣神聖，即使是一個無名之輩，你也不會爲它所傷。在這份覺性裡，就是那超越人所能理解的平安，這時你的生命完全不需要再變得更好，它單純地做著生命在做的事，它只管流動，而你心無罣礙。

○

學生：放下自我中心，讓自己體驗覺醒——是不是就好像我們剝柳丁的皮一樣，把自己剝開來呢？

阿迪亞香提（以下簡稱阿迪亞）：剝皮好比半夜在做夢，你在夢中去找一位治療師，然後開始感覺越來越好，你覺得自己好像有了不錯的進展。覺醒如同你坐在沙發上訴說你的故事，但你依然是一團糟，只是在原地踏步。然後突然之間你恍然大悟，明白這只是一場夢，這不是真的，全是你自己編造的。那就是覺醒，這其中有很大的差別。

學生：我編造了這一切嗎？

阿迪亞：全部的一切。但是你內在的覺性沒有在做夢，只有頭腦在做夢。它告訴自己一連串的故事，然後想要知道你是否跟上了。當你轉變清醒過來了，你會領悟：「等一等，那是一個夢。頭腦創造出了一種被改變的現實狀態，一種虛擬現實，但那不是眞的——它只是思想罷了。」思想可以在覺知裡述說千百萬種故事，但它不會改變覺知一分一毫，唯一會改變的就是身體的感覺。如果你告訴自己一個悲傷的故事，身體會有所反應。如果你告訴自己一個自我膨脹的故事，身體也會覺得充飽了氣、自信滿滿。但是當你領悟到那全是故事的時候，便可能會發生從頭腦、從夢境中醒來的重大覺醒。不是你醒來，是那恆久清醒的了悟了它自己。那恆久清醒的，就是眞正的你。

2

SATSANG
薩桑

我們在此共修是爲了認出永恆的眞理，在**薩桑**（satsang，譯注：梵文音譯，指親近眞理或覺悟者）之中表示與眞理連結。我們若了解這一點，就能爲了共同的目標而相聚在此。

當你來到薩桑與眞理同在一起，你願意問一問：「我是誰？」或者「我是什麼？」——在沒有任何劇本或角色，沒有那個關於你是誰、你是什麼的故事，而且放掉你對生命那自以爲是的劇本的情況下。這些劇本裡的某些角色或許是：「我是天之驕子或天之嬌女」，或者「我一敗塗地」，或者「我的感情路老是不順遂」，或者「我是個擁有豐富靈性經驗的求道者」。我們每個人都有自己的特定角色，而且對該角色都有一套自己的故事。然而，我們的角色與故事並不是我們。

薩桑之美在於，它是一個從你自己的故事醒來的機會。當你開始領悟何謂眞理，你會認知到，眞理不是抽象的，它不是距你千里之遙的東西，也不是我們明天才要學習的東西。你會發現，眞理就是此時此刻那個沒有那套故事和劇本的眞正的你。

共修眞正的祝福所在，就是提供一個讓自己停止的機會，就在現在，而不是明天。對自己存在本質之眞理覺醒過來無法在未來達成，它不是某個你必須好好準備要去贏取、或者應得的東西。覺醒是身分上的根本轉變。你以爲你是你，但是你不是，你是永恆的存在。覺醒的時間就是現在，不是明天。就是現在。

當那個小我開始理解到它爲何來參加薩桑，它會想：「這地方不可能適合我。我以爲自己來這裡可以得到什麼好處，但是完全沒有。」去一個地方或做一件事卻無利可圖，對任何人都是一種革命性的想法。我的意思不是得到好處有什麼錯，但是在薩桑中，我們會看見的是，我們的快樂和自由與得到好處沒有半點關係，有關係的是：允許自己經驗此時此刻、體驗將我們的策略與盤算完全卸除是何滋味，包括如何擺脫策略的策略。這是一個停止一切「成爲」什麼之策略的機會。

其中的祝福就是，我們是在歡迎小我被卸除武裝的直接經驗。你若去到其他任何地方，那種卸除武裝的感覺幾乎都會受抗拒、隱藏，甚至不被談論或承認。而在這裡，我們可以問：「如果沒有我的故事、此刻沒有我的要求、此刻沒有我的想望、沒有我的劇本，那麼**現在**，我是誰？我又是什麼？」如果頭腦有什麼話要說，它會回答：「我不知道。」因爲頭腦不知道它卸除武裝之後是什麼東西，它若沒有某某角色或人物可以扮演，就不知道它是何人、何物。

那位演出這一切的演員，名字就叫做「我」。即使我們贊成薩桑或歡迎薩桑，那位演員仍會不斷維持自己的身分，而且頭腦會一直想要說：「我在這裡！」但是當我們開始尋找「我在這裡」背後的東西時，就如同對著一間空蕩蕩的房間大聲喊叫——出現的總是回音：「我在這裡。」而且每次我們一開始尋找，就只能發現回音。誰？「我在這裡。」誰？

所以，你開始放下更多，從認爲自己是角色背後的演員這一微妙的遊戲中卸除武裝。你開始看見，那只不過是另一個故事。如果你眞的仔細覺察，就有大好的機會能完全卸除武裝，因爲你根本找不到任何一個演員，甚或任何人。

當這種卸除武裝的現象發生，你便是允許那無言的經驗自動展現。這就是你可以親身體驗的一己之**存在**（being）的無言經驗。你會領悟到，那不是一套劇本或角色，它沒有任何既定計畫，而且對此時此刻沒有任何要求。它也不是那位演員。眞正的你遠遠先於你對自己所抱持的任何概念。

沒有角色的眞正的你，經常被人們認爲隱藏在某處，因此當你放下你的角色、當你爲了尋找自身存在的眞理而不在乎那位叫做「我」的人物，你或許會以爲有一個藏起來的人必須找出來。如果這種情況發生，當你來到這種敞開狀態時，你或許會想：「這裡沒有人，但我還是會繼續尋找，尋找自性、眞理、那個開悟的我。」尋找開悟的自己不過又是另一個角色、另一套劇本罷了，那是靈性追求者的另一套劇本。假如你連這個劇本都丟掉——**現在**，你到底是什麼呢？

當然，我之所以請你探詢眞正的你是因爲，此刻，你正在活出那答案。無論我告訴你什麼，都無法取代那份活力、取代你正在活出那答案這事實。因此人們才會經常說：只有那些不知道自己是誰的人，才是眞正清醒的人。其他人都知道自己是誰，他們是自己的劇本，無論劇本的內容爲何，甚至劇本可能是：「我不是清醒的。」覺性是**沒有**劇本、是明白劇本終究只是劇本，故事終究只是故事。

頭腦在某種狀態下會說：「我不知道我是誰，」因爲它找不到正確的劇本。覺醒，就是在頭腦說：「我放棄了，我就是不知道我是誰。」之後出現的一種了悟。當你開始了解這一點，你會領悟到，如果你放下自己是某個正在聆聽的人這一套劇本；如果你放下自己是某個正在說什麼話的人這一套劇本；如果你暫且拋下這些角色扮演，你便不是自己一直以來所認爲的那個自己。來參加薩桑，對「我」這個概念來說是種革命性創舉，因爲那個「我」以爲透過改變它的劇本、它的角色、它的身分認同——甚至認同於「沒有任何身分」的身分認同——就能獲得快樂。它會做盡一切的事，讓「我」這顆球繼續滾動。

我們的靈性文化已變得十分詭譎。我們討論此一主題時有越來越多難以捉摸的靈性概念可以使用。許多人以「意識」和「制約」這兩個聽起來較輕鬆的名詞取代古老而沉重的「神」與「罪」的概念。現代的靈性追求者擁有的是這些極端抽象的概念。而其實概念越是抽象，就越是透明，我們很難將意識給具象化，然後放在你的聖壇上；你的聖壇只會一直保持空空如也。如果你想看見眞理，就別在上面放任何東西。最佳的聖壇就是上面空無一物。

然而，即便是抽象概念，如果你與之認同，它也會緊抓住你，而且阻礙頭腦卸除武裝。即使發生了突然的覺醒經驗，頭腦也會很容易介入覺性那活生生的靈性當中，在那裡蓋下它的戳印，把它變成某樣東西：「這是覺醒，或覺知，或意識，或自性。」頭腦一定會給它一個不管什麼名稱，好讓自己不會被卸除武裝。因此我們可以看到，即使是最神聖的概念，若是不能輕鬆地看待，也可能會變成一種巧妙的防衛，用以反抗這種無法被固定爲概念的**存在**的當下狀態。

如果我們問：「沒有了『我』這一個概念，我是誰？沒有了我，我是誰？」那無言的便可能立刻開啓，那無概念的也可能立刻開啓。請允許那樣的**經驗**發生，因爲那是針對「我是什麼？我是誰？」這一問題**活生生**的答案。這不是死的概念性答案，而是活生生的答案。它是活的！在覺醒之光閃耀的此刻，有份奧祕將自行展開，一刻接著一刻，再接著下一刻。這個存在的活生生狀態，你愛怎麼稱呼它都行，它就是你一直以來所是的、永遠將是的、現在就是的，唯一東西。你並不是人，你是以人的樣貌出現的**存在**。

眞實的探詢就像孩童般的疑問：「這是眞正的我嗎？」不是思考這個問題，而是允許自己透過這個問題一再地卸除武裝。你越是誠心去體驗進入未知的感受，越是能夠卸除武裝。你是否注意到頭腦不知如何是好？邀請那份不知道的感覺，別去在意被卸除了武裝這件事。要留意，就在那中間，有一個生動鮮明、耀眼奪目的覺性。神祕的是，藉著允許自己認出其中的覺性，你可以覺醒而且做爲它。

當你允許內在的覺性發生，你會發現它在用你的生命玩遊戲。它不會根據你那小我的既定計畫來行事，小我在你覺醒時，對這件事或那件事的發生總是有一大堆概念，而覺性對你的既定計畫完全不關心。它一直流動著，根本不會聽從你想要什麼，而你會感激它的不聽從。你發現它有自己的流動方式，我認爲那就是臣服的眞正意義——隨順那樣的流動。這就是「願你的旨意得成」（譯注：出自《聖經》〈馬太福音〉第六章第十節：「願你的國降臨。願你的旨意行在地上，如同行在天上。」）的眞正含義。

頭腦可能會擔心自己卸除了武裝、放棄了它的種種概念和劇本，它可能會說：「我可能得不到我想要的。」而我說，如果你得不到你想要的，那麼你是幸運得要命！我沒有從覺醒得到任何我想要的，我以爲它會解決很多問題，我對於它會賜予我的東西有各式各樣的想法。算了吧！重點不是你得不到你想要的，而是你不**在乎**是否得到你想要的。我想不出任何一個我所得到的東西，是我認爲自己會得到的。唯一發生的一件事是，我不再在乎了。那是多麼可怕的一個夢——以爲我需要那些東西才會快樂。

對你一己存在的奧祕表示歡迎就是薩桑。這有違通常所謂的靈性——將自己的存在推開、或者去定義那份奧祕、或者將它裝飾以珠寶鮮花等，讓它看起來像是一個力量強大的奧祕。薩桑是一種迎接，眞正的迎接，直到身分認同猛然脫落，然後那份奧祕會領悟到：「哦！這就是眞正的我！我以爲我是那個隨著既定計畫行事的人，我以爲我是扮演某個角色的演員。我以爲我**就是**那些角色。」這些全不是眞的。當那個稱爲「我是一個人」的角色結束了，我們稱那爲死亡。如果你在身體死亡之前讓那個角色死亡，讓它安息，事情會容易許多。透過薩桑，你可以對你永恆的眞正存在覺醒過來，擁有一個眞實的生命。

3

OPENNESS
敞開

當我們聚在一起，在薩桑探索眞理時，很重要的是要把心敞開。有些人覺得敞開頭腦比較容易，有些人則覺得敞開心比較容易，但是要眞正處於此時此地，兩者都需要。若你能夠敞開，便不會過濾自己的經驗，也不會去阻礙了自己。你不會努力捍衛自己，但是會藉著質疑自己的信念而對那份奧祕敞開。

當你送給自己這份神奇的禮物，也就是不試圖從特定的概念或感覺去找到自己，那麼這份敞開就會擴展，直到你的身分認同漸漸成為那份敞開本身，而不是你頭腦裡稱爲某個信念的參考點或身體的特定感受。重點不是擺脫思想或感受，而是不讓自己覺得固著在它們裡面。

敞開沒有特定的地點，它似乎無處不在，它有足夠的空間容納任何東西。可以有思想存在，也可以無思想；可以有感覺存在，也可以無感覺；可以有聲音，也可以沉默，沒有什麼能夠干擾敞開。沒有什麼能夠干擾你的眞實本性。我們只有在認同於某個認爲自己是誰、自己相信什麼或感覺自己是什麼的特定觀點和概念，因而封閉了自己時，才會受到干擾，那麼我們會與正在發生的一切對抗。但是當我們就是自己的眞實本性，也就是那份敞開的時候，我們會發現，自己其實並不與任何事情對抗。無論在敞開之中發生了什麼事，都完全沒問題，因此我們便能以自發性的、有智慧的方式對生命做出回應。

薩桑是關於憶起，譬如你忘記了自己就是這份敞開，誤以爲你是其他某個東西。人類曾編織過無數的神話來描述我們如何忘記，但那其實無關緊要。薩桑的精髓不是要你去改變或修正自己，而是去憶起你是誰。眞理關乎的純粹是憶起、認出，或者說了悟你的眞實本性。

你曾有過這種經驗嗎？忘記了某件明明幾分鐘之前還在你腦子裡的事？你的腦袋努力地回憶，但越是努力卻越是困難。最後是怎麼記起來的？你稍微放鬆了，你忘記自己在勉力憶起，你只是放鬆自己。「哦！對了，我想起來了！」然後答案不知從哪裡冒出來了。自性的了悟就像那樣——就是現在。它會在你願意放鬆而且無所知的情況下發生。

你現在就可以立即體驗那份敞開。你不需要刻意敞開，或者變得更敞開，只要去認出已經在此時此地被經驗著的敞開即可。它在內在、外在、遍處被了知，只要去感覺這份體驗。放下「敞開」這個字眼，讓它消失，這經驗將會越來越深刻，漸漸地變成無言的。只要單純地在那無言之境**存在**。那麼，你將不再被語言文字所迷惑，你不會因爲相信某些話語而限制自己的經驗。但是，一旦你強加了「敞開」這個字眼在它之上，你的經驗就會沾染某種氣味、就會變了調。它或許仍然很接近，但是其實和你沒有任何概念的狀態並不一樣。

這種放下的過程可能漸行漸深，其深入過程在頭腦看來可能像是落入了未知之中，因爲頭腦的傾向是將經驗概念化並且限制它，但是它其實是更加深入地認識並經驗到如何做爲**存在**自身。在那深入的經驗裡，你以爲自己所是的那個受限之人會開始領悟到，你其實就是這份敞開。你也會開始看見，別人也是如此。當你釋放自己，釋放的並非只是你的自我，獲得釋放的是那個自性（Self）。你憶起了每個人的自性，因爲那是同一個自性。當這一點被了悟，人類的互動將完全改觀。

敞開的思想，敞開的心靈。要了解，沒有什麼人在你裡面需要受保護，不需要建立情感障礙，也不需要有該障礙所生的分離感與孤立感。你之所以覺得需要受保護的唯一理由，只因爲一個源自無辜的誤解。這種事之所以發生，是因爲你在幼年時期便接受了一個關於你自己的概念，還接受了一套工具，用來建造一座保護這個概念的圍牆。這期間，你學會了隨著環境爲這套工具添加設備，如果一劑份量扎實的憤怒似乎很管用，你就會把它收進工具箱；你也可能收進怨恨、羞愧、怪罪，或受迫害等。無論你所執著的自我形象是個好人或是有缺陷的人，這套身分認同的工具都會被用來保護那個形象。

這是非常無辜的行爲，它在你完全不知情的情況下發生，而且它會持續下去，除非你領悟到：自己在執著於那個身心的自我形象時，內在潛藏的信念是自己需要受保護。這兩者是缺一不可的一體兩面，它們是打包在一起的。

當你丟掉那樣的保護，眞理將會現前，帶走你的自我形象。那就是爲何自我形象會和圍牆一起出現的原因，因爲如果沒有圍牆，你憶起眞實本性的速度將會飛快，也會將自我形象奪走，無論那形象是好是壞。沒有任何一個自我形象是沒有圍牆的，也沒有任何一個自我形象不會製造痛苦。你不但有你自己的圍牆，你也會投射圍牆在他人身上，那就是他們在你心目中的形象，那些形象妨礙了你看見他們的眞實本性。

如果你願意看見形象的不眞實，那麼圍牆就會倒塌。當智識的圍牆打開了，你就會敞開思想；當情感的圍牆打開了，你就會敞開心靈。當你對眞理的領悟移除了那個受限的我，突然之間，自我形象消失了——只剩下全然的臨在！這份敞開是當下存在且無任何形象的，不需要任何保護。某人可以對著它吼叫，但是聲音將穿透這個空間，那也沒問題。某人可以愛它，那也很好，但是這麼做對它造成的影響是不增不減。

關於眞理或開悟或覺醒，有一件有趣的事情是，即使它並未藏起來，我們還是會錯過它。它不在遙遠的地方等待著我們應得的時機。它之所以很難找到，是因爲它近在眼前。這份敞開一直都在那裡，如果它能出聲，一定會這麼說：「老天啊，不知道這種形象的遊戲到底要玩到什麼時候！」

這個無形象的自性——稱它爲覺性或覺知或敞開皆可，任何能觸發你憶起的字眼都好——非常安靜。但是別相信我，將這些話放在心中，然後自己去探索。你才是有權的人，我只是個傳信人。

你越是能夠領悟到你是那份敞開，你的身體就越能夠了解到沒有什麼需要保護，那麼，它自己就會敞開大門。在情緒的層次上，你可以在自己的肌肉和骨骼感覺到這一點。那麼，身體最深奧的功能將會自行展現，然後它會以身體的形式，變成你之所是的敞開的一種表達，一種眞理的表達，而非「我」的保護者。它會成爲敞開本身的延伸，你手腳的移動，都將成爲敞開的表現，與對象的接觸也會像敞開的延伸。你會感受到自己近乎嬰孩般地，深深著迷於動作、自身感官，以及存在於世界的一切。差別在於，當靈性覺醒漸趨深刻與成熟，你會擁有嬰孩所沒有的：智慧。嬰孩會隨著時間而認同於他所注意的對象，以及他人所灌輸的關於自己的訊息。當成熟的身心開始成爲那份敞開、成爲它眞實本性的延伸，它將重新找回純眞，只是現在多了一份深刻的智慧，讓它得以在著迷的同時，不會不必要地執著或排斥任何東西。因此，這時的活動與著迷現象並非眞的像嬰孩那般，它們雖是孩子般的，但絕對是充滿智慧的。這種敞開包含了最深奧的智慧，因此你終於能夠深深著迷而不在身分認同裡失去自己，渾然不覺自己是否身處險境。

嬰孩的整個世界都與身體有關，它應是如此，也必須如此。但是純眞的智者並不掛慮如何維續這副身軀。它會獲得維續，但不是出於害怕它無法獲得維續。那就是爲什麼在「再次憶起」的過程中，在回歸自性這趟最深刻的歸鄉之旅當中，會出現一種實際存在於此的、無懼過生活的自由。

敞開的另一個面向是親密。接觸眞理與美的最快捷徑，就是當你與一切內、外經驗親密無間的時候，即使那經驗不是「好的」。當你與所有的經驗親密無間，分裂的頭腦就必須在那一刻放下它的一切投射。在這樣的親密感之下，一個人會變得非常開放，而且會發現一種廣闊無邊的感覺。無論那經驗的品質是不愉快的或是美好的，一旦你能夠完全與經驗保持親密無間，就會敞開。

當你和當下的一切經驗親密無間，覺知便不再受限了，無論是關於你的情緒體（emotional body）、你的肉體、你的感知，或你的思想觀念，而是一個整體在感知它自己、感覺它自己，或思考它自己，而且發生的一切事情都將了結（resolve）它自己。當整體在感知它自己時，那和「我正在擁有一個經驗」是全然不同的現象。當我們如此放下時，如同盤珪禪師（譯注：盤珪永琢禪師，1622~1693，日本江戶時代的臨濟宗高僧，以「不生禪」的教法聞名）曾說過的：「萬事在不生中獲得完美的調控（萬事以不生而調）。」他使用的是「不生」這一詞來代表我稱爲眞理的東西。當一個整體在感知自己，就有一種作用是「不生」在完全調控著自己。它從不執著於經驗，它只是調和自己、享受自己。當你放下你的投射或既定計畫，也可視其爲事物在「不生」中獲得完美的調控。

有時候你會注意到，自己的腦袋裡有一些計畫在進行，你努力想擺脫某件事或了解某件事，你反復思量。何不考慮讓自己稍作休息，暫時停止思考。愛因斯坦也會這麼做，他會思考一個問題，然後停下來不再想它，因爲他相信自己已經盡了全力、絞盡腦汁達到理性思考過程的終點了。這麼做是一種竅門。多數人會發現，理性思考過程會將他們帶往一個邊緣地帶，但是他們非但不停止，反而向右或向左做了一個九十度的大轉彎，然後開始沿著邊緣移動，朝著平行方向思考，添入更多的事實、經驗以及回憶。這麼做叫做浪費時間！使用思考的唯一力量，就發生在理性思考過程抵達思考邊緣然後停止的時候。它會讓那該傳達的東西獲得傳達，就像愛因斯坦所做的，他讓思考過程結束，然後讓它獲得傳達。那麼，不生便能完美地調控一切，只因爲它與經驗是親密無間的。

接觸你眞實本性的那份敞開，最迅速的管道不是透過思考，而是透過五種感官。譬如，若你傾聽這一刻的全部，而不是只有耳朵能聽見的東西，若你去**感受**這一刻完整的全部，你將能夠敞開自己而超越「我」的受限空間。你的身體會有一種特定的感覺，你只要去感受它——它會延伸開來。你會感受到絕對的靜謐。你會感受到鳥兒。你會眞正感受到去感覺一個聲音是什麼樣子。

五感能讓你超越頭腦所虛擬的現實，同時即刻接觸到那不是由腦袋所創造出來的東西。若你的五感能眞正開放，將會是一件不可思議的事。你會明白，你的問題裡有百分之九十九的成分都是因爲你讓一切受到了局限，只聚焦在一個方向，當你向整體敞開，一切將變得異常清楚。你若開始受苦，你會注意到，你的五種感官已經不再聚焦於整體，反而聚焦於某一件事，這導致了你的受苦。

你可以開始看見，有那麼多的痛苦發生，都是因爲聚焦在經驗中狹小的一點上，這讓「不生」難以調控它自己。但是，一旦這個焦點敞開了，「不生」便能調控自己，萬事便沒有問題了，即使它看似有問題。那麼，你就可以走出受限的觀點，看見其實不是**你**在感知著經驗的一切，而是**整體**認知到了**它自己**。

4

INNOCENCE
純真

當我體驗到深刻的覺醒時，有三種品質在我內在生起：智慧、純眞，以及愛。雖然它們其實是一個整體，但是這種整體可以透過這三種品質表達出來。

覺醒開啓了智慧。我所說的智慧，不代表我突然變聰明了，它僅表示我突然領悟了眞理，這個眞理就是我之所是，它就是這個世界之所是，它就是那如是的。這份智慧就是領悟到你是什麼，就是了悟眞理，那唯一眞實的眞理。這眞理不是一種哲學、科學、信仰、信念或宗教，它是超越所有這些的——遠遠地超越。

第二種生自這份覺醒的品質就是純眞。這份巨大的純眞創造出生命中一種恆常如新的感覺。自從覺醒之後，大腦已經不再執取、比較，因此每一刻的體驗都是嶄新的，如同孩子的童心一般。成年人的心傾向於接收東西，將其感知到的和過去曾發生過的一長串事物加以比較，而且基本上抱持著一種態度：「這我已經經歷過了，沒什麼新鮮。」它非常枯燥、無聊。當這種比較的傾向不再發生，純真的心就會生起。這種純真也有人稱爲謙卑，但我個人喜歡純眞這個詞，因爲我認爲它較接近實際經驗。

第三種生起的品質是愛，這種愛純粹是針對萬物而言。在覺醒中生起的，是一種對如是的愛、對一切萬有的愛。一切萬物存在於此的這項事實似乎是驚人的，因爲當覺醒的洞見愈來愈深入時，你會了悟到萬物是多麼的脆弱。我不是單純地指說我們隨時可能會死亡，我的意思是我們看見了驚人的奇蹟，也就是要讓絕對的空無出現在這裡是何等的容易。（事實上，這裡絕對是空無的，但那是另一件事了。）一切萬有的存在皆被視爲絕對的、全然的奇蹟，從這份看見當中，很單純地生起了對於如是熱烈的愛。這種愛與我們樂於滿足自己的欲望，或找到完美伴侶這樣的愛截然不同。這種愛僅僅爲了我們有條鞋帶，或我們有腳趾甲那樣的小事而存在。豐盛的愛之所以生起，全是因爲生命這個奇蹟，以及領悟到一切萬物都是「一」。

當覺醒非常深刻，我們將不再基於個人的自我而運作。換句話說，一切已不再與「我」有關。思想不再與我有關；感覺不再與我有關；其他人做什麼事不再與我有關；世界上發生什麼事不再與我有關。在小我的意識狀態下，眞的可謂每一件發生的事都是發生在一個「我」身上。不是嗎？那就是「正常」的意識狀態。

沒有人能眞正解釋何謂個人的自我，我們只是感覺到它。它是屬於內在的事。它不只是我們的行事方式、或我們所說的話，而是我們內在對自我中心的執著。當我們識破它，便會領悟到自我不是眞正的我們，而且它本不具任何實質意義。當我們眞正深入看見自己的眞實本性，會發生一件似非而是的事：我們越是能領悟到沒有一個自我，我們的眞實本性越是能緊密無間地臨在。

因此，在我的經驗中，取代這個自我的就是純眞和愛。當然，它們其實一直在那裡，只是被形成「我」的思想感覺聚合物所遮蔽。這份純眞持續不斷令我感到驚奇，因爲它從未結束。無論它看見多少東西、無論它的靈性洞見多麼深奧，或靈性深度如何增長，純眞依舊保持不變，而且持續成長，變得更加純眞。對自我的這個小我觀點而言，我們知道得越多，會覺得越不純眞，但是對我們的眞實本性而言，我們知道得越多，反而覺得越純眞。

我稱這種感覺爲純眞，不只是因爲它有一種人人皆能感同身受的純眞感，也因爲它有一種幾乎毫無防備的意味。我們不防備的時候，會注意到這種純眞只從自己本身出發。這件事能這麼理解：當我們從小我的意識狀態出發，我們基本上是從一種概念、一種聚合了信念與記憶的觀點出發；而當我們從純眞出發，我們並非從一個概念、觀點或信念出發，我們是從純眞本身出發的，那不是某個特定觀點。它沒有任何意識形態、它沒有任何神學理論、它沒有一張信念清單或一張思想清單。它是世上唯一一個非常確定自己不知道發生了什麼的東西。

在純眞裡，對發生之事沒有任何既定概念，而這就是驚奇所在。當我說它不知道發生了什麼，我的意思是它不透過思想來理解經驗，當它理解經驗時，它會繞過思想。它完全不會受到過濾，那就是爲何它是純眞的原因。

覺醒的自性這一個面向，也就是這種純眞，其實每一個生命都品嘗得到。對頭腦、對小我的意識狀態而言，它可能像一個偶爾造訪的好地方，但是若逗留太久卻很可怕，因爲它會將小我意識狀態的所有工具一併拿走，讓它們變得毫無用武之地。小我的意識狀態很喜歡造訪這裡，因爲它提供了不錯的暫時放鬆效果，就像在內在前往巴哈馬群島幾分鐘，享受一個小假期。然而，頭腦若停留在那裡太久卻會感到不舒服，因爲它在那裡無法運作。我們會看見，我們不是自己認爲自己所是的那個人，世界也不是我們所認爲的那樣。每一件事都是嶄新的、敞開的、無法預測的，這會讓小我感到十分沒有安全感。

要了解這種純眞有多麼徹底可能不容易。舉例來說，如果你正坐在椅子上，同時你的身體產生了一些感覺，一種讓你的頭腦立刻將它貼上「恐懼」這一標籤的感覺，這時，純眞並不知道那是什麼。即使是頭腦會稱爲恐懼的感覺，純眞也認不出它來，因爲它不是透過頭腦來感知的。它會看著它想：「眞是奇了，這是什麼？」當你對某件事感興趣，你會向它移動。如果有個聲音很有趣，你會靠近它；如果有個味道很有趣，你會嗅聞它。純眞只會帶著好奇來看，然後問：「這是什麼？」它會非常貼近那感受，它會透過體驗而非概念去發現那感受是什麼。透過體驗而非關於恐懼的概念來經驗恐懼，是一個全然不同的現象。由於像「恐懼」這樣一個名詞已經代代相傳太久了——它承襲自一代又一代人的頭腦——因此當腦袋裡有個念頭對你說「恐懼」，它並不止是在形容當下這一刻，而是關乎無數世代的恐懼。

由於純眞不是透過思想而看，所以它能夠繞過歷史。它在每一刻都有新發現，它不是由小我心智所選擇的——「好吧，我要變得純眞，然後我要每一刻都有新發現，我要留心。」這麼做反而錯過了它，因爲這讓它變成小我意識狀態的一項計畫。純眞早已存在，而且正在以全然純眞的方式探索、體驗著每一刻。你若開始接觸它，你會開始感受到它那孩子般的好奇心，你會發現，它確實朝著體驗、朝著每一件事貼近。因此，許多宗教總是建議我們要像孩子一般，（不是孩子氣，而是如同孩子般。）因爲這種返璞歸眞永遠對「如是」十足感興趣。這就是當我們從未分離的自性來過生活時所感受到的清新品質。

當然，我們依然有一個大腦，依然有思想，因此依然會學習東西、累積經驗。小我的意識狀態總是透過這種累積的知識來理解事物。以未分離的自性過生活的唯一不同之處，就是我們不會透過那些累積之物理解事物，但是需要的時候依然可以使用它們。透過純眞來感知、理解，事實上會讓我們有充分的能力在當下具足智慧，因爲在那種狀態下，當下最深奧的智慧將會生起。這樣的智慧只屬於當下這一刻，它不是我們累積知識的一部分。在禪宗裡，我們稱它爲**般若**，即心的智慧，那是一種屬於整體的智慧，它只屬於這一刻。我們不再從「我」

的個人感受出發，而是從整體存在來理解。

我在覺醒狀態所發現的另一種品質，就是對存在本身這一單純事實所滋生的愛。那不是由任何東西引發的愛，它根據的不是是否出現某個好日子、某個好人、某個好的待遇或好的感覺。事實上，出現的可能是不太好的日子，不太好的遭遇、不太好的人，或不太好的感覺，但是這份愛依然一樣那麼多。這是一種喜愛活在這生命裡的愛，因為在這生命中，其實它每一刻都在與自己相會。

覺醒所揭示的是：沒有所謂個人的自我，萬事萬物都是我自己。這似乎相互矛盾，因為我們發現自己是無物，同時又絕對是萬物。當我們看見這一點，我們會領悟到，當下發生的必定是「愛」與自己相會了——或者我們可以說是你自己與你自己相會，或說眞理與它自己相會，或神與祂自己相會。愛在每一刻與自己相會，即使是糟糕透頂的時刻一樣如此。這永遠不會透過由頭腦過濾過的、自我中心的意識狀態而發生。但是從純眞出發，愛單純地與它自己相會。如果你愛我，它與那相會；如果你恨我，很好，它也與那相會，而它喜愛與那相會。我說的是「一」與它自己相會，了悟它自己、經驗它自己。

這種愛包含了我們常與愛聯想在一起的美好感受，但是它也遠遠超越了美好感受。它是一種遠比經驗深刻許多的愛。你是否注意到，無論你體驗到何種愛的品質，每當眞愛生起，它便將你的心智與情感雙雙開啓了？那是對發生的一切敞開。小我的意識狀態總是將這道門緊閉，無論在情感或理智上，只要此刻不是「正確」的時刻（百分之九十九的時刻都是如此），它總是將門砰地關上，拒之於千里之外。然而，純眞與愛不會緊閉著門，即使面對令人不太愉快的事情亦然。

注意，你越是能不用個人的自我感來看待事物，就會有越多的純眞悄悄溜進來。有越多純眞爲你所知，就有越多的愛會探出頭來，開始體驗生命、活在這生命中、在這生命裡活動。如此一來，智慧將是可得的，因爲一個人是敞開的。如此一來，智慧將隨之加深，純眞也將隨之加深。純眞容許更多的愛出現，而更多的愛，代表更多容納智慧的空間，事情就是如此循環著。

這些愛與純眞的品質正是讓解脫的智慧得以現前的東西。它們不只是你眞實本性綻放的結果，也讓覺醒及其體現成眞。

5
HARMONIZATION
諧調

在禪宗裡，開悟的其中一種定義就是身心諧調，這也代表靈性（或精神）與物質的諧調。當靈性與物質處於和諧狀態，就好比有第三個實體誕生了——那確實是佛法裡的「中道」。「中道」與兩個極端之間的中間點沒有任何關係，中道是當本具的「一」被了悟的時候，靈性與物質的和諧狀態。靈性與物質並非兩件不同的事，而是一體的兩面。這是對我們眞實本性的了悟。

身而爲人，我們變得與物質認同，物質包括了每一種細微或粗大的化現物。物質是一切可以觸摸、看見、感覺、感知或思考的東西。一種感覺也是物質，情緒也是物質，和一副身軀、車子或地板是一樣的。

物質的精髓是靈性。物質是由靈性、由生命力所驅動的，它們是不可分的。儘管我們在談論時可以講得彷彿它們是兩回事，但如果我們拿走了生命力，就不會有物質。不是變成死去的物質，而是根本沒有物質。

關於了悟，其中一部分就是從認同於物質（它會化現為性格或者「我」）邁入認同於靈性。真正的開悟是當物質與靈性處於和諧的狀態，我們可以將這種和諧稱為「無分別」或者「合一」。

當我們領悟到自己是靈性，可能會有一種比領悟之前更深刻的和諧感，但仍有一些不和諧存在。因此，去了解讓自己坦露出來的價值所在是有幫助的。這和讓自己面對實相的每一時每一刻都坦露出來是同樣的道理。我們必須如此讓自己坦露，好比如果要將皮膚曬成古銅色，必須將自己坦露在太陽底下一樣。我們不會穿上衣服，而是脫下衣服。如果我們想要自由，就不會讓自己穿上種種概念、想法和意見的衣服，我們會脫掉它們。那麼，某件事會自己發生。為了加深這種和諧，我們不能執著於概念，一如我們不能穿著一半的衣服卻想要將全身曬成古銅色。我們無法這樣獲得轉化，但是我們若能夠真的赤裸裸地、完全坦露出來，便能以一種非常自然的方式獲得轉化或覺醒。

許多年前，我兩位老師的其中一位，關老師，知道我要入山健行幾個月，便教我如何找到適當的過夜地點。他並未給我如何辦到的資訊，只是談論了這件事一會兒，然後我突然心領神會，我可以直接察覺到那個適合我的正確地點。如同我們能夠察覺、感知周遭的環境，環境裡的靈性與物質處於和諧時，我們也能感受得到。那些環境是適合待下來的好環境，它們也會非常自然地與我們諧調。

有越多的和諧，我們內在的眞理或光明就越是強化。當然，這種光明是無處不在的，我們無法逃避它，但是在某一段時間裡，在環境中強化它是有助益的。給予一些支持有其實用價值，因爲我們很可能喪失那份一切時、一切處皆有光明的感受。當我們漸行漸深，便能體會到遍在的光明，雖然它不一定是以一種集中或者強而有力的方式表現出來。

在我進行過的每一次僻靜會裡，我都可以感覺到整個共修的靈性與物質開始諧調的那一刻——有些人在那之前、有些人在那之後。當它們開始合拍，有些人會變得快樂，有些人會害怕，因爲它的力量變得更強大了。這種和諧就像人們所說的：如果你想要覺醒，就必須置身於覺醒者周圍，那可以是覺醒的人類、覺醒的樹木、覺醒的山、覺醒的河流——可以是任何環境。我們如果夠敏銳，會感覺到一個環境是否覺醒。人類可以或多或少覺醒，樹木、峽谷、山丘或鄰近的某個特別的街角也行。如果我們具有敏銳度，會感覺到的。讓自己坦露在那份覺性裡、那種靈性與物質和諧的環境裡，非常有助於我們的覺醒。究竟而言，那就是所謂薩桑的意義，也是靜心的眞正意義。我們坦露自己，然後，自然而然地，靈性與物質成爲和諧的。突然之間它們合拍了，而你什麼事都沒做。你做得越少越好。

當我們放鬆，讓這種自然的和諧自行發生，就能對我們當下如是的環境之美深深覺醒過來，也對我們一己之美覺醒過來。那就是中道，但它並不是眞的處於中間，它是涵容一切的。這種微妙的影響力可能強大無比，它是神不知鬼不覺的，如同薄霧一般悄悄滲入我們生命的縫隙，它不喜歡敲鑼打鼓張揚自己。

我記得有一次參加關老師的僻靜會，那一天，我無來由地頓悟：「我知道發生什麼事了！」這不是發生在腦袋裡，而是在內在。那種影響力和那種美，開始在我內在甦醒，我了解到某種無法言傳卻永遠都在的東西。當我在僻靜會坐在那裡聆聽關老師的開示，有時我會非常感興趣，然後確實認眞聆聽，而有時它比較不那麼有趣，我便沒那麼認眞聆聽。如同他常說的：「有時候講得很好，有時候講得沒那麼好，開示就是如此。」它發生在其中一個我沒那麼認眞聆聽的日子裡。當時我並未沉浸在幻想，我只是沒有仔細聆聽。突然之間，那份臨在的微妙之流如同煙霧一般，被我察覺到了。我知道：「那就是他在做的事，重點並非只有開示、開示、開示。」我明白了，那不是正在發生之事——或者那只是發生之事的一小部分。我記得自己坐在那裡，面露微笑，想著他有多麼鬼祟呀，因爲在沒有透過他自己或我們在場任何一人主動選擇的情況下，某種極其微妙而又具滲透性的東西正在擴散。

這種方式是鬼祟的，因爲我們以爲什麼事都沒發生，也因此我們並沒有在追逐任何東西。所以，我在那之前一直錯過了它，一直到那一天、那一場開示時，我體驗到了那微妙的源頭，它只是綻放著光芒。我看見它並且感覺到它，然後它也在我的內在綻放光芒。在內在，它也是同樣的東西。我開始看見，**這個**就是眞正的我！**這個**，賦予了萬物生命。我感覺到一種身與心、靈性與物質完美的、巧妙的和諧。它僅僅藉由坦露自己的過程便發生了。我不會將它稱為眞正的覺醒，但它是覺醒滋味的淺嘗：了悟那神聖的臨在。

號召魅力可以是種美好的東西，但是如果一位老師的號召力太大，學生很容易產生執著。他們很容易會看著那副身軀然後想：「多麼棒的一個人！」他可能是個很棒的人，但是重點無關乎很棒的人。我的兩位師父都不是具號召力的人格特質，而我認為那是一份天大的禮物。一旦我們朝著魅力崇拜或這類的情況發展，我們會無意識地開始忽略眞正的臨在，臨在可以透過強烈有力的人格來運作，也可以透過溫和謙恭的人格來運作。它可以透過巨大的號召魅力來運作，也可以透過幾乎毫無魅力的情況來運作。我們沒有一個人對那部分有任何選擇權。它可以透過我們自己的祖母來運作，也同樣可以透過某位聖母上師來運作。

當我們透過這種諧調作用而領悟到眞正的我們是什麼，我們該怎麼做呢？我們繼續在爐子裡熬煉，直到永遠。如果我們不繼續熬煉，而是說：「我已經知道了！」那麼靈性與物質的和諧會瞬間失去平衡。它會很快被感覺到。如同鈴木禪師經常說的：「如果你在受苦，你會有一點貪婪。」你必須持續臣服，好讓那份和諧自行維續下去。

古代的道家行者稱這種情形為**調氣**。在古代，或許現代也還有一些地方，如果村裡發生什麼問題，他們會請道士前來查看。如果鄰里相處不融洽，或有任何不安寧，道士會被請來消災解難。他會離開茅屋前來該地，然後說些類似這樣的話：「給我一個安靜的地方，給我一間小屋，讓我自己一個人靜靜的。」在那裡，他會靜坐，然後將自己對環境裡的「氣」、對那能量敞開。這麼做是極大的慈悲，因爲當你讓自己對環境敞開，如果環境是失衡的，你也會在自己的存在裡感受到失衡。外在所發生的也會發生在你的內在，但是如果你夠穩定，如果你有足夠的智慧洞見，你其實心裡一點也不擔心這種事，它不會出問題，甚至也不會讓你受任何苦，但是騷動的確會發生。唯有當你完全了悟自己的時候，你才能如此無懼地做這件事。否則，如果你敞開自己，你會完全迷失。道士會坐在小屋裡，讓自己對那「氣」，或說環境的能量敞開——感受它、體驗它，然後讓那裡的氣對他自己的意識之光敞開。這可能需要一天、一星期，甚或一個月的時間，但他仍會讓氣坦露在他自己的意識之光當中，然後，那股能量將開始修正它自己。於是，村裡的人會開始覺得改善了，相處情況也會更融洽一些。那就是爲何經典建議我們要多與覺醒的存在共處的原因。覺醒者可以是人類的存在、樹木的存在、或一個街角的存在。讓自己坦露在其中，不要崇拜它們、把它們供奉起來，只要讓自己坦露出來，這種修正作用就會發生，這種諧調的發生是因爲它們的意識狀態之故。不過，不要產生依賴心，你必須把你自己喚醒。

意識之光並無改變或修改任何事的念頭，它不會有必須改變任何事的感覺，但是它的確能造成事情的改變。因此，道士可以只管靜坐，一切將自行修正。每個人都會覺得情況有所好轉。當然，這種效果不會太持久，因爲如果他們尚未看見自己內在的太陽，那麼一旦覺醒的意識離開那環境，每個人又開始發瘋了。不過，道士對此淡然處之，太陽不會爲了它該照向何處，或者爲何被要求發光發熱而跟你辯論。人們只有在他們眞正想要的時候才會覺醒、蛻變，在那之前，所有的改變都是暫時的，沒有人能將永遠的覺醒強加在你身上。

當你開始看見眞正的你所綻放的光芒時，那光芒、那光明將會在你內在甦醒，你會領悟到它沒有任何改變你的意圖，它也沒有任何想要諧調的意圖。它沒有任何既定計畫，它只是如此發生了。眞理是你會碰到的唯一一個沒有既定計畫的東西，其他所有事情都有它們的既定計畫——每一件事情，那就是眞理的力量之所以如此強大的原因。放棄你的計畫，繼續「坦露」你自己，和諧將會自然而然發生。

6

FREEDOM
自由

一次，有人問印度聖哲尼薩伽達塔·馬哈拉吉是如何開悟的。他說：「我的師父告訴我，我是一切萬有的無上源頭，我是至高的。我一直沉思著這一點，直到我了知它是眞的，直到我眞的變成了它。」他補充：「我很幸運，因爲我信任他告訴我的話。」

自由就是領悟到這份深邃的寧靜與未知就是眞正的你，其他一切只不過是那未知的延伸。身體是那未知的延伸；外頭的樹木也只是那未知在時間、形相上的延伸；思緒與感覺亦是那未知在時間裡的延伸。整個可見的宇宙，事實上也只是這未知、這巨大如山的寧靜在時間裡的延伸。

因此，眞正重要的是，你要能夠來到一個心態成熟的點，讓自己願意好好看看什麼才是最根本的。拔除迷惑的雜草與直抵眞理的根源是有所差別的。你們是否曾經在草皮上拔除過雜草，要是只是斬草不除根，之後會發現它們很快又長出來了，仿佛草皮從來沒除過草。清除身分認同就像這樣。

要根除你對受限自我的身分認同，你必須從最根本的角度來看待它，這表示你必須超越解決個人問題這一經常性顧慮。針對個人問題來探究，就像在草皮上拔草卻不除根，雜草很快會再長出來。你也許可以暫時擺脫當天的問題而稍獲喘息，但是根仍在原處不動，完好無缺。擁有許多經驗和找到你眞正所是的根源，兩者是截然不同的——雖然擁有經驗也能清除問題或提供一些美好的洞見。如果你不深入根源，雜草只會一再出現。

因此我們會問：「什麼是這個稱爲『我』之所在的根源呢?」你必須知道它根植於何處、它的起源。曾經有一刻，那做爲你的本質的純眞，亦即無可言喻的著迷與愛，卻從純眞的著迷與對**如是**的愛轉而與思想認同，就在那個從純眞的著迷轉變至身分認同的過程中，自由喪失了。它發生在時間開始之初，現在也正在發生。每一刻其實都存在著純眞，那一份對一切本是、純然如是的著迷，但是頭腦出現了而且說：「我的。」「那是我的。那是我的念頭，那是我的問題。」或者它也可能會說相反的話，說那個念頭和問題是「你的」。就在那一刻，就是一切受苦分離的源起、那個根源處。

做爲你眞實的自己、做爲你眞實的本性，完全不同於以思想來經驗它。要領悟你就是奧祕，而且你無法眞的看見那奧祕，因爲你只能從那奧祕來看。有一種覺性朗朗、生氣勃勃、充滿了愛的奧祕，那就是此刻透過你的眼睛在看的東西，那就是此刻透過你的耳朵在聽的東西。與其試圖釐清一切——那是不可能的——我建議你不如這麼問：「這雙眼睛背後究竟是什麼？」轉回頭看看到底是什麼東西在看。與純然的奧祕相會吧！那是純粹的靈性，對眞正的你之所是覺醒過來。

那份奧祕永遠會自己照顧自己——只要我們不成癮似地遵照一己概念行事。這種上癮症會切斷你接觸奧祕的管道，好像你有一顆珠寶在口袋，可是卻不能把手伸進口袋將它拿出來。當你深深知道自己就是那份經驗著它自己的奧祕時，你會領悟到那就是曾發生過的一切事。無論你將一種經驗稱爲一個我或一個你、一個好日子或壞日子、美麗或醜陋、慈悲或殘酷——依然是那份奧祕在經驗著它自己、在將自己延伸至時間與形相之中。那就是正在發生的一切事。

如果這份了解只在你的腦袋裡進行，你可以知道它，但並非**是**它。腦袋說：「哦，我知道，我就是奧祕，」但你的身體卻表現得仿佛它不知道這個訊息，它在說：「我仍是某某人，我充滿這些焦慮的念頭和欲求。」當我們清楚地**是**它，一己的整個存在都會接收到這個訊息，好比空氣從氣球裡奔竄出來。當所有的矛盾、騷亂，以及四處的追逐與尋找「洩氣」了，你會體驗到，身體就是那奧祕的延伸。那麼，身體將能夠輕易地被那奧祕、那純粹的靈性所驅動。

想像你身爲那奧祕，走進一個身體裡，一個有別於你在此時所擁有的身體，或許是一個內在有許多衝突的身體——一個充斥許多相互抵觸、相互對抗之渴求、欲望與執著的身體。當你在感覺這「另一個」身體時，你可以看見它所抱持的觀念並不眞實。試想，你走進這個新身體的時候，它並不知道自己是奥祕，因此它會執著於「自己是身體」這一個身分。現在，你，身爲奥祕，要驅使、移動這副身體。但是，由於身體相信它必須掌控全局，因此它不斷和你對抗，每一次你想要移動手臂，就會產生緊張；每一次你開口，說話就結巴，每一次身爲奥祕的你若想要體驗著迷的境界，就必須經歷身體的一連串衝突與抗拒。縱使你擁有世界上最良好的意圖，而且所有能量皆流經你而進入身體，身體處理那份愛的唯一方式卻是將它化爲衝突矛盾。對這份奥祕的能量，它的反應十分僵硬，以至於幾乎無法移動、無法走路、說話或思考。

現在，想像你脫離了該身體，進入了另一個在細胞層次上完全明白自己是那奥祕的身體。它看起來像個身體，也會做一切身體會做的事，但它並非眞的是一個身體，它知道自己其實只是處於形相中的奥祕。因此，當那奥祕介入，就好像奶油遇見了奶油。「啊！太好了，現在我可以動了。」你可以感受得到，置身於明白自己是那奥祕的身體當中是什麼樣子。

爲了讓那身體完全臣服於它的眞實本性，它必須深深地、徹底地看見它就是那奥祕，然後讓所有的自我形象消失。如果它殘留著任何自我形象，就會變得僵硬。只要它還存有任何評斷或看見任何不是它自己的東西，便免不了僵硬，好像關節生鏽了一般。如果它會爲明天擔憂，它就會變得僵硬。因此，爲了讓身體了了分明地完全活出那奧祕，它個人的既定計畫必須完完全全被消解才行。

身心（body-mind）要想消解掉這個計畫，光是認爲那是個好主意是無法辦到的，但是當一己的存在越來越清楚地看見唯一眞正存在的東西就是它自己時，它會自然而然發生。那是一個內在的事件。你是否能開始感覺到這件事呢？沒有任何事要抓住，沒有任何觀點要採取，也沒有分離。

那就是爲何人們總是說眞理會使你自由。然而，你的**整個存在**必須了悟眞理，它必須就**是**那眞理，而且是在了了分明的情況下。那就是我所說的，只是拔除那些雜草和把果子摘下是有限的，那只是以一個念頭或虛幻的、「更好的」信念來取代。如果你放入一個自我取向的念頭，整個機制一定會產生衝突。如果你設法在身體之內移動，它也無法順利移動。你插入什麼樣的想法並不重要，有些可能可以幫助你將事情處理得更好一些，因爲比起其他想法，有些想法較沒有衝突；比起其他自我形象，也有些自我形象較沒有衝突。如果你將自我形象重塑爲較正面的，能量可能因此而轉變，但仍未能從身分認同中解脫，它依舊無法盡情舞蹈。身體唯有在看見它的眞實本性時才能自由，這可以由追溯至根源來達成，而非光是斬草而不除根。這意味著甦醒過來，發現自己恆久的眞實身分，而非試圖處理你的各種神經質症狀。萬物的天性是會自行解脫的，那是一個好消息。無論你抓住什麼，都將妨礙了悟的發生。

因此，如果你似乎並未自行解脫了，你一定是抓著什麼僵化的東西、某些概念或記憶，可能是二十年前的某個重要記憶，也可能是昨天的一個小小回憶。如果你執取一個身分、一個想法，或意見、批評、指責、罪惡感等，這都會阻礙自行解脫的發生。你可以透過**消解**而非**改編**，以停止緊抓著這些故事。

改編沒有問題，但消解卻是個禁忌。這種透過告訴自己一個故事來改造經驗的習慣幾乎根深柢固，好像將經驗放置在一個較好的脈絡下會有所助益似的。它有時候會有小小的幫助，但是在究竟上，唯有當我們徹底消解、徹底解構了我們的錯誤見解時，我們才能從分離的做夢狀態覺醒。

當你開始愛上了放下自己緊抓著的所有心理結構時，那未知，也就是我們的真實本性，便有了喚醒自己的能力。請深思這句話：根本沒有所謂的真實信念這種事。

7

THE RADIANT CORE
光明核心

冬季是一年當中有趣的時節，我們有許多最神聖的日子都發生在冬季。它是一個充斥著心靈節日的季節，例如伊斯蘭齋戒月、猶太教光明節，以及耶誕節等，佛陀成道日也經常在一年的這個時候慶祝。冬季是一個神聖的入口、一個難得的機會。此時樹葉枯落，果實墜地，枝幹變成光禿禿的，萬事萬物復歸於它最核心的根本。不但外在世界如此，內在世界也出現了自然的脫落現象。

冬季也是一個大雨滂沱和大雪紛飛的季節。每一年，席亞拉山脈都比去年更小了一些，因為有一部分已被沖刷至河裡，隨著河水返回它的來處，緩緩流入湖泊與大海。

即使有暴風雨，冬季也是一年之中最安靜的季節，沒有比暴風雨過後更安靜的時刻了。如果你有幸在下過一場雪之後待在無風的深山，那一切都不動的時候，雪會吸收所有點點滴滴的聲音，你會聽見處處遍布著一種深邃的寧靜，而你知道這種寧靜的力量有多麼強大。

事實上，自我探詢就是一段靈性所引發出的冬日時光。它其實和尋找一個正確答案無關，反而比較接近脫落，以及讓自己看見什麼是非必要的，看見你可以不要什麼而活、看見沒有葉子的眞正的你。對人類而言，我們不會把它們叫做葉子，我們稱它們爲想法、概念、執著，以及制約，所有這些東西構成了你的身分認同。如果外面的樹木將自己認同爲它們的葉子，那不是很糟糕嗎？這些你所執著的東西是非常脆弱的。

探詢，是將靈性的冬天引導向最積極的層面，讓一切脫落殆盡，只剩根部、只剩核心。當我們眞的允許自己被剝光，眞正進入內在的冬季、進入那樹葉與思想從頭腦脫落的過程，我們可能就會發現自己往回落入了我們在禪宗裡所說的，父母未生我們之前的本來面目。這就是進入一己存在最核心的根源。

我想，身而爲人的我們，在所有事情當中最抗拒的就是靈性的冬天了。如果一個人不抗拒一己身分的脫落、允許自己體驗這種冬天，我們全部都能夠開悟。如果我們讓冬季順利降臨到自己身上，便會有自然的脫落過程，一種近似逐漸消褪的過程。當你非常靜定、寧靜，褪落過程將會自然發生。如果你不努力控制任何事，你會感覺到有某些思考模式或能量特質就像落葉或落雪一般褪落，那是一種十分細微的褪落。這就是靈性探詢的目的。「我是誰？」就是全然存在於不知的空間當中，質疑你的一切信念與假設。永恆眞理的證悟必須在你所有的幻想消失之後才會發生。

當然，人類擁有樹木所沒有的能力。如果樹木和人類一樣，你會看見它們彎下樹枝，把所有的落葉捧起來，爲了求得安全感而把它們抱在懷裡。如果你看見樹木這麼做，僅僅抓住自己的葉子好似它們發生了存在危機似的，你難道不會覺得難過嗎？這就是我們的傾向，挑選自己珍愛的信念與理論，然後一輩子守著它、爲它拚命。

有時候，這種褪落過程感覺就像颱風掃落葉。你可能擁有一個神聖的身分認同，然後一陣風刮過——通常是另一個人——然後那個身分就剝落了。你可能還正想著：「我眞是智慧大開呀！眞受不了，太不可思議了。」然後又有一陣風來到，將那個念頭也掃落。某個朋友或同伴可能會過來說：「在我看來那不是什麼智慧大開，」然後你會看見那不過是另一種不必要的身分認同。如果你不彎腰將它撿起，那麼這就是一個殊勝的機會。那麼，當它剝落的時候，你會看見自己並不需要那個身分。它是一個幻覺，只不過是一個必須丟棄的沉重負擔。

返回最核心之處、你一己的根源，然後徹底看清你執取爲自己所是的一切身分，若能這麼做，即使是你最爲神聖的身分認同也會脫落。發現自己沒有那些東西也能過得很好是一件美妙無比的事。冬季帶給我們的這份最美好的禮物，就是那究竟無可言說之事，因爲它只能被活出來。冬季其實是在懇求你放下，然後連那放下也要放下，就讓自然地回歸存在根源這件事單純地發生，回歸至那無可名狀的。

有一首優美的詩，說的是冬季矗立於崖邊的一棵無枝無葉的孤獨之樹，詩的作者所描述的是自己的覺醒過程。裂縫在樹皮劃下了一道長長的割痕，然後樹皮隨之整片剝落。想像自己劈開一根樹幹或木頭，想看看核心的地方有些什麼東西，你會發現什麼呢？你會發現朗朗光明的空，冬季那豐滿而光明的空。想像某種源自無處的東西綻放光明，某種東西純然地放出光芒，但是它來自無處，絕對的無處。

當你在徹底脫落之後來到了核心的所在，你已自然地裂開來了。核心之中有一個靈性之心。你不僅發掘了頭腦中光明的空性，也發掘了靈性之心的光輝與溫暖。當你眞正安歇下來了，你可以實際感覺到頭腦那空無的光明心識——那不是思想，而是你自己光明的空性，你自己與所有自我的「無」。你也會體驗到光明之心的豐滿，並且領悟到空性不是那種乏味的空——它是充滿心靈的。當空性甦醒，你知道那亦是慈悲之心，而你自身靈性之心的溫暖也跟著活過來了。

有時候，冬季似乎寒冷、孤寂、與世隔絕，你也許發現自己是靜止的、安定的，感覺非常平靜，但是卻不免懷疑：「生命的活力在哪裡？」你可能非常安定、寧靜，甚至在某方面稱得上是空無的，但是樹皮依然完好無損，完全沒有裂開過。那麼你擁有的可以說是空虛的空，這是一種完全受到保護的空。

眞正的空是當你了解到有比這種受保護的空更豐富的東西時。當樹皮裂開、脫落，當你來到了核心，你會將關於自己和他人的概念視爲不眞實、視爲僅僅是騙人的把戲。你會看見自己所受的教導、所接受的東西，就像衣服一樣被你穿在身上，然後說：「這就是我。」當你的心識是朗朗光明的空，那是一種生氣勃勃的空。而當你的心靈感覺比情緒更爲深刻時，它不是沒有感情的、不是一顆死去的心，冬天的時節仍是有陽光的。你是否曾在某個酷寒的清晨走到戶外，發現雖然太陽已經出來了，依然寒氣逼人，你不禁想：「一個陽光燦爛的日子，怎麼會這麼冷？」當你從自己內在的太陽出發，永遠都會有溫暖。眞正的空無是充滿光明的、生氣勃勃的。

有時候人們會問我：「如果我領悟到這個分離的身分並非眞正的存在，不像我之前以爲的那樣，那麼是誰活在這個生命裡呢？」一旦你接觸了這個空性的光明之心，你便會知道活在這個生命裡的是什麼、知道過去一直以來都活在這個生命裡的是什麼，而且從此刻開始將會活在這個生命裡的是什麼。你會領悟到，不是**你**在活出這個生命，事實上是這個光明之心在活出這個生命，同時伴隨著頭腦這個空無的光明心識。當你放棄繼續做那個過去以爲自己所是的自己，讓自己成爲眞正的你，那麼就是這個光明之心活在你的生命裡。那麼，「無」變成了你的眞實狀態，不二的覺知就是眞實的你。

一種思考並解釋每個人之眞實本性的極佳方式（那是開悟這一概念眞正所要指出的重點）即是說，當眞實本性誕生爲完整意識之際，你的頭腦會盡其所能地敞開。這不表示你的思想會擴展至宇宙之中，而是指你的頭腦如此敞開，以至無邊無際。你會注意到，每當你抓住一個想法並且相信它，頭腦就會封閉並縮減爲該想法。因此，頭腦的天性是開放的，心的天性也是開放的，無論發生何事皆然。這對我們天生的制約來說，聽起來十分驚人——頭腦與心自然而然地敞開，而且在任何時間、任何情況下都不知道如何封閉。同時，你甚至是超越開放的頭腦與心的。萬事萬物無不涵容於眞正的你當中。

受制約的頭腦總是想接管神的工作，納悶著人們在做什麼、爲何這麼做，但是那不干你的事，不需要你來操心。你可以開始帶著這種對如是的敞開踏上生命這條路，並且在任何情況與時間裡都保持如此，那就是眞實的自性一直在做的事。當你了悟了眞實本性，那情況並不是讓你獲得什麼美妙的經驗，然後你便可以說：「好了，世界，我準備好了！」最深刻的經驗就是當你領悟到：這個敞開、光明、空無的頭腦，與敞開、光明的心原本一直都是開放的。它們不需要去打開，也不會打開，那份敞開一直都在。你不再看見「二」，你會在萬物裡看見「一」、視萬物爲「一」。

人們總是覺得自己脆弱不堪而披上防衛的盔甲。披上防衛的盔甲就像在繁星滿天的夜空下散步，卻試圖用一件小外套去罩住那廣闊無垠的空間，那份廣闊無垠只會從你的手臂和帽子裡飛出去。你在廣闊無垠的空間裡拿著那件愚蠢的小外套，用它來保護藏在裡面的自己，想著或許有一天你會解開扣子，獲得靈性的解脫。或許不會如此，更有可能的是，有一天你將不再認同於那件愚蠢的小外套。請讓你自己從一切受限的身分認同中解脫，去擁抱那無限的。

要讓這份敞開以一種偉大的深度生起，就要領悟到我們早已是自己正敞開迎接的那份敞開。如果我們一直只與自己的人性面向認同，我們會這麼想：「我的天哪，我正敞開迎接某個巨大到我無法承受的東西。」當我們眞的放開一切，落入這份敞開的寧靜裡，我們是找不到終點的。它在最初開始之前已恆久存在了，而我們的人性在那之中找到了一個樂於敞開它自己的理由，那是因爲我們並非開放自己迎向一個陌生或外來的、疏離的奧祕，而是迎向我們一向所是的眞正的自己。

如果你碰觸到一己內在冬季那神聖的特質——那份萬物歸於它最本質形式的特質——你會發現自己從頭腦的邊際落入那份敞開當中。如果你能夠不抗拒冬季，在它將你敲開時隨順著它，你會開始體驗到這份敞開。只要回歸，回歸，再回歸，就很可能帶來極大的心靈啓示、極大的自由解脫，這需要勇氣才能辦到。你會想要問：「我會變成誰？一切都會沒事嗎？」雖然如此，還是只管回到那核心本質吧！當你找到勇氣讓自己回到那本質，你其實是返回你自己的根，那就是冬季能爲你帶來的豐盛。

那情況好比你一路回到種子狀態，只有在那裡，你才能看見種子已包含了完整的眞理。當你抵達了你一己存在的核心，你頓時明白，那顆初打開時看似非常空虛的種子，其實裝滿了一切如是之萬物潛能。就像一顆樹的種子，將來樹木將成爲的一切，都已包含在種子裡了。

只有在完全的回歸當中，完全的春天才會成爲可能。

這些並不是我在談論的理想，也不是什麼目標或可能性，這份敞開事實上正是每個人眞正所是的核心。不要再期待著要將一切放下，那麼你的眞實本性就能夠被了悟。當你了悟了它，就活出它吧！當你活出它這件事發生了，生命也會自動發生。那麼最後，一生中第一次，我們終於能夠誠實地、全然地說，它是最不可思議的奧祕，它深不可測，你無法了知它，你只可能「是」它，無論是有意識地或無意識地皆然。但是，有意識地做爲它，比無意識地做爲它要容易多了。了悟你自己，讓自己自由吧！

8

SILENCE
寧靜

頭腦的波浪
對寧靜的要求如此之多。
但她不反駁
不給答案亦不爭辯。
她是每一個念頭
每一個感覺
每一刻
的匿名作者。

寧靜。

她只說一個字。
而那個字即是這存在本身。
你賦予她的任何名字皆無法
觸碰她
捕捉她。

沒有任何理解
能涵容她。

頭腦將自己擲向寧靜
要求進入。
然而沒有任何頭腦能進入
她光明的黑暗
她純淨且微笑著的
無。

頭腦厲聲將自己拋入
神聖的探問。
然而寧靜對這憤慨
如如不動。
她一無所求。

無。

但是你什麼也給不了她
因爲那是你口袋裡的
最後一枚硬幣。

你寧願
給她你的要求
也不願給她你神聖而空無的雙手。

萬物群起歡慶奧祕，
唯有無進入那神聖的本源，
那寧靜的實質。
唯有無受到觸碰、成爲神聖的，
了悟一己之神性，

不藉任何念頭之助
了悟它之所是。
寧靜是我的祕密。
不是隱藏的。
不是隱藏的。

——阿迪亞香提

眞正的寧靜與我們的意識狀態有絕對的關係。我想我們都熟悉我所謂的「加工的寧靜」，那是一種死氣沉沉的寧靜。如果你曾參加過靜心團體，或許體驗過那種加工的寧靜，那是一種透過操縱頭腦而獲得的寧靜。那是錯誤的寧靜，因爲那是製造出來的、受到控制的。眞正的寧靜與任何對自己或一己經驗的控制或操縱完全無關，所以，把控制頭腦這種事忘掉吧！我在此要談的是靈性開悟與自由。

我們受到粗糙意識的包圍，這種意識既沉重又濃稠。你打開電視時，接觸到的多半都是粗糙意識，你所看的大多數電影也是這種粗糙意識。「粗糙」表示在睡夢狀態裡沉睡。

在這個意識的粗糙狀態中，寧靜被視爲一個客體。安靜似乎是某種發生在你身上的事，但那不是眞正的寧靜，眞正的寧靜是你的眞實本性。說「我是寧靜的」事實上非常可笑。當你好好檢視它，情況並非你是**寧靜的**，而是你就是**寧靜**。在概念上，或許「我是寧靜的」與「我就是寧靜」的經驗差別很小，但這事實上的確是束縛與自由、天堂與地獄的差別。

切莫再認爲寧靜就是沒有噪音——包括心理噪音、情緒噪音，或你周圍的外在噪音。只要你依然認爲寧靜是某種外在的客觀事物，某種不是你，卻可能來到你身上的情緒經驗，你就是在追逐自己所投射的思想。尋找寧靜好比騎著一輛水上摩托車在湖面上飆車，到處尋找一個完美的寧靜地點，看看你自己——轟隆！轟隆！——到處奔馳，心中越來越焦躁，深怕自己永遠找不到那個地方。無論你在湖面上奔馳多久，你永遠找不到寧靜。事實上，你所要做的只是鬆開油門、熄火，然後你就到了。如此就會非常寂靜、安定。當你開始具有接受性並且容許事情自然發生，你會開始回到你的自然狀態，那是非常安靜的。具有接受性就好比鬆開油門，那是安靜的自然狀態。

許多年前，我非常幸運地有了此一美妙的發現，原因不是我很聰明，而是全然的失敗所導致。修禪的學生會進行許多打坐與隨息的練習。表面上這似乎是一件必須十分專注的事，但經常發生的是：你以爲你正在隨息，卻領悟到自己其實是隨著頭腦進入了某個故事裡，那就像努力訓練一隻拒絕受訓的狗。有些人似乎很擅長那樣的練習，他們能夠堅持聚焦，並且持續下去而變得很安靜。我則相反，我一向無法像那樣讓自己的頭腦堅持下去，所以我並不擅長此道。在一次又一次的徹底失敗之後，我的老師說：「你必須找到自己的方式。」與其一心專注在狹窄的焦點上，我發現我自己的方式就是單純地存在於當下，也就是變得完全敞開，這比較像傾聽而非專注。

在傾聽之中，我發現一種非常自然的狀態，一種其實是唯一非由設計而成的狀態。從那種類似傾聽的狀態下，我開始看見每一次爲設計所做的努力都會製造出另一個狀態，只要我做任何努力，就會憑空製造出某種狀態。我可以製造美麗的狀態、恐怖的狀態、專注的狀態，各式各樣的狀態，但是只有一種狀態是完全自然且絕對無造作與努力的。在那種狀態下，我發現了一個接觸最深自性，也就是自由的管道。

由於它自身的本質使然，這個狀態必須是某種不需努力的東西，它必須是某種不需要維續的東西。一個透過專注而達成的安靜的頭腦，結果終將變成一個遲鈍的頭腦，而不是個自由的頭腦。它可能會覺得寂靜，也可能因爲安靜而感覺很好，但它不是自由的，在你的存在本質當中也感受不到那份自由。這就是當學生透過專注來打坐時所獲得的那種頭腦的平靜，而且你會對老師說：「是的，我發現平靜了，但是當我停止靜心時，它就整個全掉進地獄裡了。」這會向老師透露你在做的到底是哪一種靜心——你在控制你的經驗。當你起身，開始從事一天的活動而必須注意其他事情時，你便無法去注意你的專注，因此你那平靜的頭腦就消失了，因爲它完全是製造出來的。

靈性探詢的修習，有一半是立即帶你進入寧靜。當你提出「我是誰？」這個探詢，如果你夠誠實，你會注意到它立刻帶你回歸寧靜。大腦沒有答案，所以突然之間，寧靜現起。這個問題原本的用意就是要帶你回到尙未加工前的寧靜狀態，在那狀態中，思考或尋找正確的情緒經驗皆以失敗告終。如果你尋找「我是誰？」或問「眞理是什麼？」你會注意到這些探詢會立刻帶你來到安靜。如果你對安靜心懷抗拒，一如大多數人都是對安靜心懷抗拒的，那麼每當你一回到那種安靜狀態，就會像在炙熱的煎鍋上滴入水滴一樣——頭腦會四處亂跳尋找其他東西，尋找其他的概念性答案或形象。

那種自然、自發性、不受控制的安靜事實上是一種溫暖的寂靜，它是豐富而浩瀚的。受控的安靜是麻木無感的、狹隘的。當安靜並非由控制所生，你會覺得非常敞開，你會變得具有接受性，而且頭腦不會有強迫性的行爲。你會自然地返回你的眞實本性，你的眞實本性不是寧靜的，它就是寧靜。它也可以稱爲「無人」或「無物」。當你來到那眞正寧靜的，你已超越了寧靜。

只要你仍認爲安靜是噪音的對立面，就不是眞正的安靜。當你處於眞正的寧靜，你會明白，即使你聽見電鑽的聲音，那也是寧靜——它只是採取了某種形相罷了。眞正的寧靜絕對是涵容全部的，它超越了何謂寧靜的二元性概念。當我們進入了靜定之境（stillness），我們會發現，靜定與動作或運動是不可分的。在你靜坐之後，如果你起身開始你的「白日思」：「我爲什麼無法維持這種美妙的定境？」那是因爲你體驗到的是受控制的定境，而不是自然、不受控的定境。當你再度放鬆而回歸眞正的定境，當你起身開始活動時，是「定」本身在動。

當你容許自己回歸眞實本性，並不是希望在定境之中會發生什麼事。人們經常在變得安靜時，等待著什麼事情發生，而這種欲念本身將導致你停留在邊緣地帶，腳不停踩水，無法徹底放下。如果你不去等待某些事情發生，就能自然地沉澱至你自身存在的本源深處。它是非常寧靜的，那麼，也唯有在那時候，你會開始感知到那「臨在」。這份寧靜當中有一種能被觸知的臨在，那就是我爲何說這不是一種死氣沉沉的安靜。你可以察覺到一種煥發的生氣。那是在你身體之內與之外的一種臨在，它無處不遍布。當你尋找它，你只是在尋找一種粗糙的臨在，一種會往你的頭撞上去的沉重臨在，這是不會發生的。眞正的寧靜是煥發光彩的，你感受到光彩煥發。有一份覺性存在，一種生氣勃勃的深刻感受。

當你變得安靜，你讓自己放鬆進入當下一刻，進入你的眞實本性。當此之際，你會了解到你無法逃避自身經驗的任何一部分。如果你尋求安靜是爲了逃避某些感覺，那麼你將不會體驗到眞正的安靜。安靜或臨在的赤裸無遮會卸除你的武裝，使你無法躲開任何經驗、任何事件、任何東西。你可能會藉由體驗一種麻木無感的安靜而避開一些事情，但是在你眞實本性的安靜當中，你無法躲避經驗的任何一部分，它們全在那裡，等待著。

有些故事或關於靈性的神話廣爲流傳，它們將回歸眞實本性這件事形容得彷佛一場轟轟烈烈的戰爭，好像你內在有什麼東西不想回歸本性。無論它稱爲小我，或者我，或並非眞正想要靜下來的心都好，靈修者對這種神話照單全收，認爲有一部分的他們其實不想覺醒，所以掙扎、奮鬥是必要的。當你眞正靜下來，你會看見這全是胡說八道。你可以看見思想在頭腦裡從空無生起，而只有在你承認它爲眞時，才需要展開一場戰爭。但是你可以清楚看見，它的確不是眞的，那只是思想自發地生起。除非你相信它，然後將它納入求道者那英雄式的奮鬥過程裡，它才會變得眞實。只要你參與求道者的奮鬥，你就已經先輸了這場戰爭。

在寧靜裡你會看見頭腦的種種活動方式，都只不過是各種念頭的運動，而它們只有在你相信它們的時候才會變得眞實。念頭只是在意識中移動而過，它們是沒有力量的。任何事物在你接觸它、緊緊抓住它，而且灌注以信念的力量之前，完全沒有任何眞實性。

進入寧靜的唯一方式就是以它自己主張的方式，你無法帶一些東西前去，只能帶著無物。你不能是某人，只能是無人，如此才能輕鬆進入。但是這個「無」其實是我們所能付出的最高代價，那是我們最神聖的物品。我們會付出我們的想法、我們的信念、我們的心靈、我們的身體、我們的頭腦，以及我們的靈魂，最後一樣會付出的東西才是無。我們執著於我們的無，因爲那是我們最神聖的物品，內在深處我們對這一點非常清楚。只有無才能進入寧靜，那是唯一得以入內的東西，至於我們所是的其他部分，只會砰一聲地撞在那道不存在的門上。只要你還想從寧靜當中獲得什麼，你就再度離開寧靜、置身寧靜之外了。

寧靜只爲它自己揭露其面貌，唯有當我們以無進入其中並且維持著無，寧靜才會揭曉它的祕密。它的祕密就是它自己，那就是爲何我會說，所有的語言文字、所有的書籍、所有的教導，以及所有的老師都只能帶你來到門口，或許再加上引誘你入內。一旦來到了那裡，你會開始感覺到寧靜的臨在強大無比。若這種情況發生了，你會自動生起一種意願，願意以無名之輩進入其中，那就是神聖的邀請。在裡面，你會發現寧靜就是那最終的、究竟的老師，以及最終的、究竟的教導。它是唯一一個不會對你說話的老師。寧靜是唯一能讓我們的人性在一切時刻俯首稱臣的老師與教導，對於其他的老師或教導，我們發現自己可以不俯首稱臣，我們可以這麼想：「噢，我聽過阿迪亞香提說過這個、說過那個，聽起來不錯啊！」然後我們發現自己從臣服的地板上起身，然後掉頭離開自己最爲神聖與美好的謙遜。

寧靜是究竟的與最棒的老師，因爲在寧靜之中有一份無盡的歡迎，歡迎我們去做人心眞正渴望的事，也就是永遠俯首臣服，永遠處於對眞理的虔誠奉獻裡。寧靜是唯一永遠都在的教導與老師，在你醒著的每一分鐘、你活著的每一分鐘、你呼吸的每一分鐘，它都在那裡。

9

CONSCIOUSNESS 意識

當意識或靈性決定顯化爲物體時，不管是一棵樹、一塊石頭、一隻松鼠或一部車，它不會有太大問題。然而，要是它在顯化之際也力求能夠意識到自己（self-conscious）或有自覺能力（self-aware），這似乎成了一件微妙而複雜的事。我所談論的是人類的生命，也就是當意識或靈性顯化爲人類形相的時候。在這個過程中，意識幾乎總是會迷失，人類的天性本來就是能夠自覺的，但是在意識變得有所自覺的過程中，幾乎總是以失去眞實的身分爲代價。

意識的顯化不是個問題，但是接著它試圖變成有所自覺的。在變得自覺的過程中，它幾乎總是會犯下我們或許會稱作是錯誤的事。但與其說它是錯誤，倒比較像是變得眞正具有自我意識的進化過程中的一個閃失，這個閃失就是意識迷失在自己的創造物裡，並將自己與那創造物認同。這個閃失稱爲人的處境（human condition）。

當意識忘了它自己，它很可能會犯下各種錯誤。第一個它幾乎總會犯的錯就是將自己認同於它所創造的任何東西——在這個例子裡，那是一個人類。這情況就好比海浪忘記了自己其實屬於整個海洋，它忘記了自己的源頭。因此，它不做爲整個海洋，卻因認爲自己只不過是海面上的一個波浪這可怕的錯覺而受罪，也因此，它對自己只擁有非常膚淺的表面經驗。當然，它依然能意識到自己，但是它所意識到的是一個極爲膚淺與受限的身分。當它所有的身分認同只是一個小小的波浪，它會製造出各式各樣的困惑，因爲那樣的身分認同不是眞的。凡不是眞實的，自然會導致受苦，而受苦或衝突之所以存在的唯一理由就是無知。這樣一種身分，在最開始之初就是一個非常無辜的錯誤。它肇始於令人難以置信地無辜，但是一如許多以無辜爲始之事，隨著事態逐漸發展，結果似乎就變得不那麼無辜了。

這是人的處境一個很自然的部分，這像是意識在進化發展的過程中，透過人類而經驗到的一部分。比方說，想想一個人的發展史，你會知道你出生了，然後經歷孩童階段、青少年階段，然後如果幸運的話，你會離開那些階段（那可不一定），變成一個成年人。於是你可以回顧過去，然後說：「嗯，我十歲的時候眞是笨死了，我在十七歲的時候甚至更蠢。然後，就在差不多介於二十五到四十五歲之間，我想我不知爲什麼變聰明了。」你可以回顧過去，將所有那些早期的發展階段視爲錯誤的，視爲本不該如此的事情，但是這麼做是對事實的一種錯誤詮釋，因爲那只不過是成長過程中一個自然的部分。

從靈性來看，人的處境就是意識在進化過程中，試圖透過一個形相而變得更有覺知，這樣一個自然的部分。它將自己視爲那形相，而非形相的本源。而當它做出了這個錯誤的認同，它就會因這分離的巨大幻覺而受苦。因此，才有了大多數人內心所感受到的孤立感，無論他們身邊有多少人圍繞、有多少人愛他們都是枉然。他們注定會感到孤獨，因爲他們很確定自己與其他每一個人都是不一樣的、都是分離的。

慶幸的是，這僅僅是意識發展過程中的一個小小閃失。對亙古以來的悠長歲月而言，這種人的處境確實只能說是小閃失。每當有人從那閃失裡覺醒，也就是說當意識透過了一個人的形相而進化，它將突飛猛進，使那人變得更成熟而超越那個分離的閃失，如同孩童成熟爲成人，我們會將那樣的人稱爲一個自由解脫的人。

從什麼當中解脫呢？意識從錯誤中解脫，從分離的錯誤認同中解脫。意識，或說靈性，是相當詭計多端、相當有智慧的，做爲一個人，它有許多東西供它支配。在一個缺乏有覺知的生命形式裡，進化無法加速或減緩，只能隨著它本來的速度來移動。但是，當意識在一個人類當中覺知到它自己，它將創造出非常有趣的動力，那是地球上其他物種的形相無法獲得的。那個動力就是，當意識從自己是分離之存在的幻相裡醒過來，意識就能夠利用該形相，將自己喚醒至更深更廣。當它對自己的存在本質其實不是一個波浪，而是海洋這一事實覺醒過來，它便能利用這個波浪來傳遞訊息——使其他波浪深思這個覺醒的可能性。

對人類而言，這個進化過程可以由於意識的共謀而急劇加速。一旦它從一個形相裡醒過來，便毋需再等待其他所有形相發生自然成熟的過程。當該形相接觸另一個形相，覺醒的意識便接觸了酣睡中的意識。現在，酣睡中的意識更有可能出現這個覺醒的巨大跳躍，那就是意識在薩桑裡玩的遊戲，那就是它的重點所在。

學生：自從上次僻靜會之後，我一直很難受，我看見許多被自己壓抑多年的痛苦情緒，它們讓我很不舒服。我一直在觀照它們、學習關於它們的事，將它們燃燒殆盡。這實在不好玩。

阿迪亞：這不是你期待的結果，是不是？

學生：對。我做了你建議的事。我發現一部分的我完全知道這沒關係，而我也百分之百信任它。我發現一種很有力量的感覺，而且覺得一切真的沒問題，但是其中也摻雜著這些可怕的情緒，到現在仍不斷生起的憤怒與悲傷。

但是現在我的狀況好多了，我注意到自己有些不協調的「脫線」情況，就像一個尷尬的青少年、一個處於變聲期的男孩——有時這樣，有時又那樣。過去我不需要手錶，無論早到或遲到都無所謂，我總是能在讓一切都很完美的精準時間抵達。如果有什麼狀況發生，我總是能立刻明白它的發生原因，知道在那樣的情況下應該做什麼事，才能對在場的每一個人有利，我可以看見整件事的全貌。

但是現在所有的協調性都不見了，儘管那股能量，還有正面感受和信任依然在。如果你曾經處於更好的狀態，然後情況卻一直惡化了，那實在十分痛苦，因為你見過它原本可以是什麼樣子，但是你卻做不到。對這種正在實際經歷尷尬青少年過渡階段的人來說，有什麼好的建議嗎？

阿迪亞：最重要的第一件事就是要對整件事的脈絡有清楚的了解。我們可能來到了一個出現深刻了悟的地方，那是美妙而自由的，但是人們經常犯的錯是，在後來階段的某一刻，當那協調性或其他美妙的經驗不再發生了，我們就認為自己失去了什麼。事實上，那是一個我們很少去檢驗的特定詮釋方式。

實際上所發生的事，類似於人類發展階段的經歷。記得你邁入青少年期的經驗嗎？當你十二歲半的時候，你尚未長大，但是你正在將童年拋在腦後。美妙的童年似乎已不復可得，過去好玩的事也不再好玩了，但是享受生命的新方式卻尚未成型。那是個尷尬的階段，而且你會犯下錯誤（如果它們也可以叫做錯誤的話）。你可以帶著一份非常清楚的了解來回顧這段時間，這情況並不是你背離了童年，而是你已成長，它不再適合你了。當你已成長而超越了它，你就將它遠遠拋在腦後了。它會引起不舒服感受是因爲那是你所知的全部生活方式，而你卻尚未完整邁入青少年階段。同樣的事也會發生在從青少年過渡至成人的階段。它可能令人不舒服，但是其中沒有任何錯誤。當你回顧的時候，這些將被視爲發展階段。你成長而跨越了童年與青少年期，而不是背離它們。

在靈性上，你可能也會走到一些非常美好的地方，但是它們若非透徹且絕對眞實的，那麼最終你也將成長而超越它們。將它們拋在腦後會讓人不好過，是因爲那是你覺得舒服自在的地方，而新的尚未顯示予你。在這種情況下，人們通常會做出的錯誤詮釋就是你背離了你從前擁有的、那曾經如此奧妙的了悟，而非抵達了它的極限。當你更成熟，就是該離開之前階段的時候了，如果你說你是背離它而不是因爲變成熟而超越它，那麼你會更加難以離開它。這兩者是完全不同的詮釋方式。在其中一種，你努力緊緊抓住從前，或回到從前的樣子；而另一種，你會回過頭來看看身後的它，和這個美好的經驗說再見，心中明白更成熟的東西將會來臨。

那就是我認爲會對你有幫助的所謂的脈絡，因爲你會看見自己對經驗的詮釋有多麼重要，你也會看見頭腦會因爲受制約而做出通常不正確的詮釋。一個錯誤的詮釋其實會製造更多痛苦，讓困境不必要地惡化數倍。如果你明白這一點，那麼你會停止回頭執著於自己曾經擁有的東西，反而會對自己正邁步向前的未知更感興趣。你會將所有的注意力轉向前方，那眞的就是你所能做的事當中最好的了，沒有別的了。

學生：我想我有這麼做，直到我來到了一個讓我看見這麼多負面情緒的地方，我才好像撞壁了。這種情況持續了好幾個月之久，要保持向前看眞的非常困難。

阿迪亞：但是那不是向前看，那不見得是我所談論的東西。對大多數人而言，每當某個負面的東西出現在他們的經驗裡，所有的覺知便會像鐳射光束一樣集中朝著它射去。假設你很憂鬱，對大多數人而言，所有的覺知會開始集中於它，結果那原本是許多許多事情的廣泛經驗裡的一部分，現在卻突然變成了一個問題，因爲你將焦點放在那裡，而且那似乎就是你的經驗裡唯一重要的部分。那只是因爲頭腦選擇了聚焦於它，讓它變成了正在發生的唯一一件事，其實它只是眾多經驗裡的一個。

學生：我知道負面感受只是我自己裡面一個非常小的面向，但同時，很顯然的是，我過去從沒見過它們。從前，它們會出現，但在變得有意識之前就遭到分析，然後就淪落至某種擱置狀態。但是它們沒死，只是在那裡被壓抑著。

接著，意識在它們被埋藏之前開始注意到它們。這變成了一個新的課題，也就是要能夠在這些東西受到批判之前認出它們。如果那就是課題，要如何允許這些難受的感覺生起，同時不讓自己受困其中？

阿迪亞：嗯，那就好比我們在這面牆上畫了許多黑點，黑點或許直徑一寸，彼此間隔三或四寸，整面牆都畫上黑點。當我們走進這房間，通常第一個看見的東西就是所有的黑點，對嗎？「我的天哪，這面牆有好多黑點！全都是黑點！」但是事實上，它並未完全被黑點覆蓋，白色的牆面依然比黑點更多。即使我們將黑點縮得很小，像大頭針一樣小，我們依然會注意到它們，然後認為這面牆布滿了黑點。事實上，空白處還是比黑點多，黑點只是我們的感知首先接觸到的地方。

覺醒開始生起之際，一切受到壓抑的東西也會開始生起，這時覺知傾向於收縮至它周圍。當然，覺知會這麼做似乎很糟糕，因為它無法只是靜靜不動，視一切為整體。當然，有許許多多東西生起，而現在你已覺知到它，你可以讓它生起，但這不表示你必須收縮至出現的每一件事情上。就好比你在看著一面有黑點的牆時，要讓你的覺知涵蓋整面牆。要覺知到，牆上的空白處比黑點更多，不要忽略那些黑點，但也不要忽略背景。

學生：我猜想，必須要信任說如果不聚焦在負面事物上，它們就不會繼續受到壓抑，必須信任這是個自動的過程。

阿迪亞：沒錯。如果這麼做，你就變成了壓抑的共犯，那就是你一直以來所做的事，你把它們往下壓。但是現在，你正有意識地看見它們浮現，對嗎？你所要做的一切就只是注意到它們：「喔，它們有意識地浮現了。」這表示你沒有在壓抑它們。

學生：我不必等到它們消融殆盡，我不必看著它們消融殆盡。我可以注意到它們，然後留意別的事情——就讓它們自行其事。

阿迪亞：沒錯。那麼一切會自動重新協調，回歸和諧。不過，當受壓抑的東西浮現時，我們通常會想要以人爲力量處理它，對它胡亂修補、改善，或至少放大檢視，好像透過顯微鏡來看它。

學生：好像要盯著它們，直到確定它們消失爲止。

阿迪亞：沒錯。因爲你的假設是它們不該在那裡，你要盯著它們直到它們消失，如此你才能感到安全、放鬆。

學生：我想那個假設是，如果我不盯著負面感受，它們就會故態復萌，現在我完全清楚地知道，我再也不想要那樣活著。一旦我注意到它們，就可以放下它們。

阿迪亞：是的。看見受壓抑的東西從意識所生、而那裡也是它回去的地方，這點很重要。它的一切皆是無常短暫的，它完全是非屬特定某人的事件——那就是它的美。當你知道自己是「一」時，那麼就不會有壓抑，也不會有執取，仿佛你就是那片天空，你既不會把雲推開，也不會拚命抓住它們，不讓它們離開。天空的本質就是完全不受影響的，縱然是狂風暴雨、雷電交加，所有地獄般的苦難傾巢而出，只要它仍然記得自己是天空就沒有關係。

它很容易被天眞地錯認，就像在電影院看電影，突然間所有的角色活過來了，邀請你入內，於是你跟著走進了電影裡。接著，發生在電影裡的所有事情似乎都與你有關，而且你很肯定自己就是電影裡的角色。然後，不知什麼神祕的原因，你突然清醒了，而且領悟到：「噢，我在電影院裡，手上還拿著爆米花跟可樂，我之前一直認爲自己就在電影裡的種種想法全錯了。我就坐在這裡看著電影，我以爲那是眞實的，但卻不是。」意識在做的事便類似這樣。它投射出這個稱爲「一個人類」的東西，然後對自己的創造物深深著迷，在其中失去了自己。

學生：以我目前的處境，我完全明白自己在看著電影，而且我若不受困其中是不可能的。突然之間，周遭的一切看起來彷彿我就在電影裡。我知道我坐在座位上，但是我所有的感官完全不配合這樣的理解。

阿迪亞：那正是成熟過程的一部分，你必須學習了解你的感官、你的想法和你的感受，都不是指出眞正的你的指標。

學生：不去信任它們。

阿迪亞：你對於你自己的任何想法和感受，都與你一點關係也沒有。所以，你只管繼續當眞正的你——也就是無。讓壓抑的東西浮現，在過程中保持有意識。不要變得無意識或進入某種出神的恍惚狀態，也不要去分析，只要容許一切想要浮現的浮現出來。質疑一切的假設、一切的詮釋，以及所有老掉牙的故事。既不要壓抑也不要放縱——只要保持靜定、探詢，保持覺知。

避免迷失在幻相裡的其中一種方式是不再以我們思考和感覺的方式爲依據。智慧的很大一部分就是不再以正面的想法和感受爲依據。我們非常樂意放棄負面的東西，但是當我們遇上極樂、狂喜、喜悅、眞實的啓示，以及一切我們視爲靈性的情感時，我們卻告訴自己：「那就是我。我怎麼知道那就是我呢？因爲我感覺非常好，所以那一定是我，我感受到那份極樂、狂喜和喜悅了，所以我知道那就是眞正的我、我所是的，我是安全的。」但是這麼做你仍然是相信了感官知覺。如果你相信感官知覺，讓它們來告訴你你是誰，那麼遲早，那些感官會露出它們的另一副嘴臉，也就是負面的那一面，到時候你就會說：「噢，我的天哪，我被困住了。」

成熟過程的一部分，就是了解你並非只是放棄負面的感知，你也同時放棄了正面的。你放棄了過去老是告訴你你是誰、你是什麼的那一整個架構。然後你領悟到，這副身心會去體驗它想要體驗的，你只是那個有意識的空間，供它在其中擁有那些經驗，至於到底是些什麼樣的經驗，眞的不重要。自然而然地，你越是能夠這麼做，身心就越能夠感覺良好而反映出這種智慧。但是，即使它感覺很棒、感覺備受祝福，你依然可能落入與那些良好情緒認同的誘惑裡。你一受到誘惑，認爲那些情緒透露出關於你自己的一些事，那麼遲早你又會再次困在分離的幻相裡。

頭腦想要著陸、想要固定、想要執著於一個概念，但是你若眞的想要自由，唯一的方式就是不固著。那就是眞正成熟的一部分，那也是獲得眞實、深刻之啓發的靈修者必須經歷的最困難的事之一——亦即接受必要的臣服，眞正放下**所有**經驗與**所有**關於自己的指涉。即使是偉大的啓示，也幾乎總是有某種東西想要宣稱「我就是這個」。每一次你宣稱「我就是這個」，你就是宣稱擁有了另一種感官知覺、思想、情緒，或者感覺。最後，你經歷的次數夠多之後，頭腦會在最深的層次上明白這個道理，然後完全放下。當頭腦放下了，你永遠都會知道自己是誰、是什麼，即使你甚至無法去定義它，或描述它，甚或思考它。你因自己就是它而知道。這就是身分認同與分離的究竟釋放。

學生：你一直在談的是釋放個人的部分，但似乎這也可以應用在靜心上。我在靜心時發生的是，我來到了一個我是醒著的地方，但我並未注意到任何事，然後我立刻會說：「我是不是沒注意到什麼事？」接著我的腦袋便開始迅速轉動。所以，這對我有幫助，讓我知道「沒有任何思想」就是我該盡可能多多安住的地方。

阿迪亞：你甚至不需要試圖去安住在該處，那其實就是你永遠、已經所在之處。你或許了解，也或許不了解這一點，但是現在你是清醒的。你和自己在深度靜心時一樣地清醒。這份覺性或覺知，就像是現在覺知到我的聲音正在說話、覺知到其他任何東西一樣有所覺知。它是完全的，它是完整的，而且它永遠不會比它原本已是的更多，它已經在那裡了。這就是爲什麼所有眞正的靈性師父總是會說：你已經開悟了，只是自己不知道罷了。

那麼，問題於是變成了「我要如何知道？」然後你必須開始深入質疑對自己的一切假設。我們對於自己是誰、自己是什麼有太多的既定假設了，但是當我們對它們提出質疑，它們很快會崩解，接著我們會來到一個我們不知道自己是誰的境地。最後，我們會非常確定自己眞的不知道自己是誰。

你會看見，你定義自己的每一種方式都只是個概念，也因此是個謊言。頭腦會頓時停止，因爲它無處可去。這個停止，當然，無法透過練習獲得，因爲去練習任何的停止都只是一種假裝。這種停止的發生是洞見、智慧、了悟的結果，沒有別的方法，它不是一種技巧。那就是爲何說這是一個智慧的途徑，當頭腦了解它本身的局限，它就停止了，這是非常自然的。頭腦只有在飽受幻覺所苦、以爲它能找到它自己的時候，才會不斷尋找它自己，當它領悟到它無法找到自己時，它便停止了，因爲它知道自己根本無事可做。

當我說頭腦停止，不必然是指沒有任何思想經過你的腦袋，那不是所謂頭腦停止的眞正意思。它是停止詮釋現實，那麼留下來的就是沒有任何扭曲的赤裸實相。這是一種深刻的、令人解脫的自由經驗，是沉重負擔的卸除。你的思想不必停止經過你的腦袋，沒有什麼需要改變。你的頭腦所必須做的，就只是觀看著，然後對「到底什麼是眞正的我？」感到無比好奇，對這問題的沉思將引導你超越那個思想。

如果你現在問自己：「我是誰？」你所知道的第一件事是什麼？

學生：我眞的知道的第一件事？我是那個我一直對自己下的定義。

阿迪亞：那表示你並不是眞的知道？

學生：是的。

阿迪亞：所以，你知道你不知道。這徹頭徹尾是個了不起的啓示。人們幾乎總是錯過這一點，因爲每個人眞的都確信他們知道自己是誰。五分鐘前，當你到處走動時，可能並未眞正想過這件事，但在情緒上卻十分確定，而且更表現得彷彿你已經知道眞正的自己是誰。當一個人能夠眞正去探詢，而不是努力想要知道，而且能夠說實話——也就是說他並不知道，這實在非比尋常地重要。這是一個幾乎總是被掃至地毯下的重大眞相。當你領悟到「我不知道我是誰」，你腳底下的整個生命基礎突然不再那麼安穩了。

當你遭遇未知，你並沒有犯錯。你不應該努力想要知道，因爲那會帶你進入頭腦裡，進入無盡的循環裡。眞正的自由解脫是超越頭腦的。因此，當你遇見這份未知，你其實是來到了自由解脫的門口，你所要做的就只是深深潛入你不知道的這個事實裡。我們以一種有意識或無意識的方式確信自己知道，並如此過活——那就是我們全部的經驗。不知道的經驗是什麼呢？「不知道」的眞正滋味到底是如何？

學生：我不知道，但是認爲自己不知道的感覺很棒。

阿迪亞：好，你剛才回答了這個問題。那感覺很棒，對吧？如果你不聽信頭腦的說詞：「噢，不行，我必須知道。」而變得驚慌失措，而是直接體會它到底是什麼樣的感受，它會感覺起來非常好，從一開始就是非常令人解脫的。「不知道」是如此的一種解放，因爲過去你認爲自己所是的，正是所有問題的肇因，它是你所有負擔的攜帶者。現在，它的一切已受到了質疑——如果你過去錯了呢？單是這樣的想法就令人雀躍不已，不是嗎？

學生：這讓我想哭，這感覺太棒了。

阿迪亞：很好！那麼就到那裡去吧。把你的注意力放在那裡——你所要做的就只有如此。

「不知道的滋味是什麼？噢，太美妙了！」讓你自己沉浸其中。你不是藉由知道而知道，而是藉由不知道而知道。越來越深入，越來越深入，直到你是那麼地深入，你已遠離了你的一切所知幾百萬哩，那表示你已超越了頭腦。那麼，火光會在瞬間閃現，你將會知道。

學生：我可能會太喜愛「不知道」而深陷其中。

阿迪亞：單純地安歇於不知道，你便知道了。這是似非而是的矛盾。你越是能夠安歇於不知道，也就是永遠不執著於頭腦的東西，你就越是能夠直接體驗知道。它會在一瞬間出現。已經有許多世的生命，我們在自由的大門前起舞。我們在鞋墊上踮起腳尖拚命旋轉，卻從不曾知道我們是誰。只要啪嚓一聲、門把一轉，你就會知道了——不過如此而已。這非常容易，問題不在於它是一件多麼困難的事，問題在於人們不知道要往哪裡去。只要你知道要往哪裡去，而且有勇氣去那裡，它就會非常容易。往未知去、體驗未知、成爲未知，一切眞實的知識將在未知裡甦醒。

10

DEPTH
深度

靈性能以兩種方式來探索。第一種方式是最普遍的，也就是透過頭腦的水平移動。水平移動的意思是頭腦來來回回地搜集資訊。那就像頭腦來到了一面寫滿文字的牆，這面牆上記載了各式各樣的教導、修行、該做的事和不該做的事。通常，頭腦只會在牆上水平移動，獲取並且累積更多資訊，它一下移到左邊，一下又移到右邊，不斷搜集資訊、信念、理論……等等。你們遇過擁有這種頭腦的人嗎？他們往返於這面牆，上窮碧落下黃泉，翻遍每個角落——頭腦在水平方向打轉，忙著搜集資訊。那就是頭腦所做的事，而多數人都在做這種搜集資訊、想法、信念的水平移動，希望能藉此獲得靈性上的提昇。然而真理不是知識的問題，它是覺醒的問題。

我們在情緒上也在做同樣的事，我們在牆上水平移動搜集經驗。我們有人類基本的世俗經驗，有好有壞。然後，當我們開始往靈性領域探索，我們也會開始擁有靈性經驗。對頭腦而言，我們會開始想：「如果我搜集到足夠的經驗，那會是意義非凡，而且能帶我抵達某種境界。」這會讓我們獲得更多經驗，只是當頭腦水平移動時，它讓我們獲得的是更多的知識——不是自由，不是眞理。

因此，頭腦、身體與情緒不斷玩著這個叫做「累積」的遊戲。它們會在概念性知識之間進行比較、評估。「這個和那個比較起來有什麼差別？」「那個和這個比較起來又如何？」我們很喜歡拿自己的經驗和別人的比較一番。「你體驗到什麼？噢，我沒有體驗到那個，但我體驗到了這個，你呢？」「這是我相信的，那你相信什麼呢？」

然後，情緒體會問：「這對嗎？這就是正確的經驗嗎？我體驗的就是**那個**經驗嗎？我爲什麼沒有**那個**經驗呢？」身心總是搜集更多的事情要做、更多技巧、更多有的沒的。

頭腦與身體傾向於遵循舊路線，做出水平移動，累積事實、教導、老師、信念，以及經驗。這就是大多數人主要的生活方式——水平的，而不是垂直的，而他們也將這種移動方式帶入他們的靈性生活。然而，無論你在水平面向累積了多少知識與經驗，更多資訊並不代表更爲深刻。

現在，就在這一刻，你應該可以了解到，你無法眞的從我的語言文字裡得到任何東西，無論你的頭腦吸收、累積了什麼指示，都無法讓你獲得更多的深度，一點也沒辦法，完全零，什麼都沒有。它只能爲你帶來更多的水平移動，它只能爲你帶來更多的知識，或許那是你想要的，也或許不是。但是一旦你了解頭腦的局限，頭腦會感到自己卸除了武裝，因爲它不再有那麼多事要做了。

在知識的牆面之外，有一份給你的邀請，那不是要你退回到頭腦開始運作之前的狀態，而是遠超過頭腦所能抵達的超越狀態。那就是靈性的意義，它是前往頭腦無法抵達之處。

試想你來到了一面牆之前，牆裡剛好有一道門，你將門打開，穿越那面牆。現在，你想要前進得更深入的話，你就必須將那面牆拋在後面。如果你回頭伸手抓住那面牆，同時又試圖跨步前進，你是無法走太遠的。因此，當你眞的想要獲得深度，超越性的深度時，你就必須面對是否要放下頭腦的問題。頭腦會說：「我會放下一點點，但是在旅途中，我還是會在口袋裡塞進一大堆知識，因爲或許在路上的某個地方，我會需要我的概念。」它會開始提出許多問題：「這樣安全嗎？這樣明智嗎？我會不會在幹蠢事？」彷彿所有的智慧都包含在那些累積的知識裡似的。在精神上和心理上，當人們必須完全略過自己累積的知識時，他們很容易變得非常沒有安全感。

頭腦無法理解有一種眞實的智性，亦即超越性智慧的存在，而且它不是思想與概念性理解的產物與結果。它無法理解有一種不會以思想形式、以努力獲取或累積而來的知識來到你身上的智慧。

眞正的靈性驅力或渴望，永遠是超越頭腦的一個邀請，也因此人們總是說：如果你要去神的面前就赤裸著去，否則就不要去。這對每個人來說皆是如此，你若要去就清空你累積的知識，否則你永遠無法進入其中。因此，一個有智慧的頭腦會了解自身的局限，當它能這麼做時，就是一件很美妙的事。

當你不再執著於所有的知識，那麼你會開始進入一個截然不同的存在狀態，你開始移向一個截然不同的層面。你會移向一個內在經驗變得非常安靜的層面。頭腦或許仍會在背景呱噪不休，或許不會，但是意識已經不會再受到它的擾亂，你不需要打斷它。你的覺知會直接略過那面知識之牆，移向一個非常安靜的狀態。

在這份安靜裡，你領悟到你之所以不知道任何事，純粹是因爲你不回頭向頭腦所累積的知識搜尋答案。這份安靜對頭腦來說是個奧祕，它是某種未知的東西。當你進入深處，你的的確確是進入了一個似是偉大奧祕的更深層經驗裡。現在，頭腦可能會跑進來，想知道發生了什麼事，然後開始定義一切，但那樣做並不會帶來任何的深度。如果你允許，那份奧祕將會持續對自己開放——如果你願意放下控制的話。

當累積的知識被拋在後頭，你會發現到，你已將自己所熟悉的自我感拋在後頭了。那個自我只存在於累積的知識和經驗裡。當你將它完全拋在後頭時，會發生一件非常有趣的事，因爲你眞的將你的記憶完全拋諸腦後了。你將自認爲的自己、自認爲的父母，以及你所認爲與相信的一切全部丟下了。往事已矣。然後，你開始注意到一件非常有趣的事：你可以將那一切丟下，而你仍然**在**——你就在此時、此地。因此，你到底是什麼這個問題，甚至變得更爲奧妙了。

當你了解自己可以拋下對自己的每一個定義而你仍然**在**，那麼你會開始看見這些念頭一定不是眞正的你。換句話說，當你不再想著自己的存在時，你是誰？當你放棄所有的念頭，甚至是那些你不該質疑的念頭，例如：「我是一個人。我是一個女人或我是一個男人。我是某某人的女兒或兒子，」你是誰？你會開始看見，當你不再想著自己的存在，你過去視爲自己的人，實際上已經不再存在了。如果這個「你」可以像這樣消失無蹤，而當你再次想著你的存在時，又重新出現，那麼這個「你」會有多眞實呢？

在這種認知出現時，你已經開始跨越累積知識之牆了。那麼，若你不再度爲這一刻下定義，或將它再度裝進某種概念裡、再度以思想塑造出自己的存在，那麼你眞正的存在狀態將會開始自行展現。眞正的你開始醒來了。眞實的**我是**是如此不可思議地空無，它完全不含任何你所認爲的自己。它沒有局限，它沒有定義。任何定義對眞正的你都會變成一種傷害。留下的一切就是意識，甚至不是那個，因爲它只是一個名詞。

當你看見眞正的你是什麼，所有概念皆不再適用了。你是如此地空，只有意識。沒有內在小孩，也沒有成人。你的一切身分皆不存在，除非你想著它們的存在。意識可以往下看，看見一個身體，但那不會是任何人問題的來源，問題在於你後來添加在頭腦裡的東西。

在空之中，你開始嘗到一己**存在**的經驗，那是在你成為某事或某人之前的**存在**，而這存在的奧祕也就是那覺醒的、活著的。它是唯一一個不需要頭腦施展戲法好讓它存在的東西。要做為這覺性，你完全不需要思考。關於你的每一件事都會改變，唯獨意識這一事實。身體會改變、頭腦會改變、思想會改變——而且比大多數人想的要更快得多。無論你獲得多少知識，那些知識都無法讓你更快來到**此地**。**存在**就是那唯一持續的，永遠醒著的那個。

現在，如果你回到頭腦的知識，頭腦對於你的眞實本性應該要如何有各種各樣的概念，因為你曾讀過那麼多關於它的資料、聽過靈性師父談論過它，而且人們還在眞理周圍創造出一整套玄祕的神話。當你領悟到事情並非如此時，當然會極為震驚。無論你認為自己是什麼，都不是那個。即使你的概念非常靈性、神祕、超現實，你依舊不是那個概念。

放下累積的知識，有助於讓身分認同從「有我之自我」（me-self）轉移至「無我之自性」（no-self Self）。當這樣的事發生，就稱為靈性覺醒。但是，這不表示你不能使用你的知識，當你需要的時候，知識依然在那裡，你還是可以回頭鑽入其中，讓它告訴你如何操作電腦，或教你其他各種實用事務。除了你那錯誤的身分認同之外，你並沒有失去什麼。你不會變成一個白癡，也不會因為領悟到你不是從前自認為的那個你，而忘記如何綁鞋帶，但是頭腦害怕這一點。了悟的最大障礙就是你對它的想法念頭，因為思想會創造出覺醒狀態的各種形象，而那些形象僅僅屬於累積的知識。無論你對自己的眞實「自性」擁有何種形象，該形象都不可能是「眞實」。你若能看見這一點，便很容易在經驗上認出當下是什麼，就是那**在此**的——永恆的意識，純粹的靈性。

你一旦深深了悟它，但並非以頭腦或推論的邏輯來辦到，而是透過直接的覺醒，那麼其他一切事情都會變得非常簡單。一旦你那概念性知識的世界被放到一個正確的地方，它就被超越了。你會看見自己是永恆的意識，只是在外在表現出女人或男人的樣子、這樣或那樣的性格。如同所有優秀的演員，你知道自己並非外在表現出來的那個人。一切存在的事物都只是意識現形於外，或神現形於外，或自性現形於外，或靈性現形於外。佛陀稱它爲「無我」。你若看見這一點，你便見到了「一體性」（Unity）。只有神存在，那是一切之所有：神以地板的樣貌現形於外，以一個人、以一面牆、以一張椅子的樣貌現形於外。

沒有任何知識、任何對眞理的陳述能碰觸到那永恆的、那眞正的你，也沒有任何關於如何抵達那裡的陳述是眞的，因爲讓某個人抵達那裡的，並無法讓另一個人抵達那裡。一個喜歡尋找唯一一條眞實途徑的頭腦，是無法找到它的。當然，頭腦不喜歡這樣。「沒有正確的途徑？那些說法、讀物，沒有一樣在究竟上、在最終是眞實的？難道最開悟的人無法說出眞理？」

不行，這從來沒發生過，也永遠不會發生。你能做的唯一一件事就是在牆上放一個指標，寫著：「往那裡看。」錯誤的靈性箭頭就是那種指向牆面，寫著「往這裡看。」的指標，眞正的箭頭會指向超越概念之牆的地方。

指標可以或多或少是眞的，但是無論指標說了些什麼，無論它說如何才能抵達該處，它也無法說出關於超越之外有些什麼，什麼都沒說。因爲一旦你超越了，一旦你是眞正的你，一切皆不再適用了。那就是爲何有這麼多偉大的靈性師父都曾說過：沒有什麼東西要知道。要自由，要開悟，完全沒有任何事需要知道，而且只要你還認爲你知道些什麼，就沒有開悟。一旦你絕對地了知自己不知道任何事，而且也完全沒有任何事需要知道，那種狀態就稱爲開悟，因爲一切所有都是那**存在**。當「合一」存在，**誰**又會是那個「一」要去知道呢？那「一」只知道「我是那個。我是這個。」如同《聖經》上所說的：「我是那我所是的。」（I AM THAT I AM）這是眞實的覺醒知識，其他的知識都是次要的。

爲特定手段或特定目的而使用的知識，完全是爲了實用目的。當你開始看見這一點，就會停止在任何你知道的事情裡尋找眞理，反而會在眞正的你當中尋找眞理，因爲當你發現了你是什麼，你也會發現其他每一樣東西是什麼。一切都是「一」。你看見了沒什麼事要知道，你的探詢焦點從思想轉移至**存在**了。

每個人都有腦海中靈光乍現的超越性智慧。當你已在大腦裡苦苦思索一個問題良久，然後不知什麼原因，你停止掙扎了，接著你突然明白了：「啊！就是它！」那是從哪裡來的呢？智慧破繭而出，那可能是件非常小的事，一個日常生活會發生的事。它可能會在頭腦裡留下一聲「啊！」的認知，但是它不是思想的產物。它來自其他地方，來自你一己的**存在**。因此，**存在**擁有偉大的智慧，之所以會有震驚，是因爲我們還不習慣從那智慧來運作，那似乎是偶爾才會破繭而出的東西，但其實你的存在一直都在以那樣的方式運作。

有許多事情都是相對眞實的，但是沒有什麼從頭腦生起的東西是絕對眞實的。對頭腦來說，能夠不再掙扎，讓你在靈性上的整個方向從「知道」移向「存在」，是多麼令人如釋重負的一件事。

11

EGO 小我

靈性的替死鬼就是「小我」（ego）。由於我們生活上發生的每一件事都找不到一個人可以怪罪，於是便製造出這個稱爲「小我」的想法當做怪罪的對象。這製造出極大的困惑，因爲小我並非眞的存在。它單純是個想法，是個標示出動作的標籤，那個動作就是我們對自我感產生執著。

當我們思及小我只是個並非眞正存在的想法，我們就可以看見，許多靈修者爲了那些他們相信自己應該去除的所有東西，而不公平地怪罪於它。他們誤以爲，若有某個東西從他們內在浮現——也許是一個念頭、感覺、性向或受苦的時刻——就是小我存在的證據，認爲因爲這些東西的浮現，小我就是存在的。他們以爲自己有個小我，因爲有這些全指向它的東西存在。我們永遠只會發現小我存在的證據或證明，但我們永遠找不到它本尊。

當我請某人找出小我，他無法眞的找到它。一個憤怒的念頭或情緒會觸發這種信念：「噢，我必須擺脫它——那是我的小我。」彷彿發生在一個人身上的每一件事，特別是發生在一個靈修者身上的事，都會被用來當做小我存在的證據，而這個小我必須被徹底消滅。然而，沒有人找得到它。我尚未遇見過任何能將小我顯示給我看的人。我曾見過許多的念頭、感覺、情緒，我也見過憤怒、喜悅、沮喪以及極樂的表現，但是仍未有任何一個人能夠呈現小我給我看。

許多人向我提出一個假設，亦即因爲所有這些東西的存在，必定有個替死鬼，也就是本該受責難的某個人或某個東西，那就是對小我的普遍理解，但那不是小我。事情有時候正如它們表面所見一般簡單，有時候，一個念頭僅止於一個念頭，一個感覺僅止於一個感覺，一個動作也僅止於一個動作，沒有小我在其中。現在，那存在著的小我（如果眞的有任何小我）就是認爲小我在那裡的念頭。然而完全沒有證據顯示這個小我的存在。萬事萬物純粹自發地生起，如果眞有任何小我，它也只不過是說出「這是我的」的這一個頭腦的動作。

通常，「這是我的。」這個念頭會隨著某個想法或情緒而生，可能是：「我感到困惑——這是我的，」或者「我感到嫉妒——這是我的，」或者是去回應任何其他生起的經驗：「它屬於我。」一個人以爲有小我現前了，而且導致了這種念頭、感覺或困惑的出現。但是每當我們直接返回尋找那個小我，我們會發現它在念頭出現之前並不存在，反而是之後隨著念頭出現的。那是對一個事件、對一個特定念頭或情緒的詮釋，那是一種事發之後的假設：「那是我的」；小我也是事發之後的詮釋：「那不是我的」，也就是對一個念頭或情緒的拒絕。顯然，如此的立場暗示著有一個它不歸屬於其中的人存在著，而那就是二元對立的世界。這是我的思想、我的困惑或者任何東西，或者這不是我的思想、不是我的困惑，不是我的。這兩者皆是對**如是**（what is）所做的動作或詮釋。小我只是這個詮釋，這個頭腦的動作，而那就是爲何沒有人找得到它。它就像鬼魂一般，它只是頭腦受到特定制約的一種動作。

從小我們就被灌輸一些訊息，例如「你很美」、「你很聰明」、「你成績很好，所以你很好」，或者「你成績不好，所以你不好」等等，而孩子很快會開始相信它、感覺到它、擁有那種情緒要素並將之視爲「我」。同樣的道理，一個人也可以出現一個念頭，然後很快地，他會開始感覺到那個念頭。如果他想著一個快樂的、陽光普照的日子，很快地他的身體會開始接收這樣的調性，感覺到某種不存在的東西。因此，當他被告知要擺脫小我時，這會讓事情變得十分困難，因爲是誰要擺脫小我？是什麼東西試圖擺脫小我？那就是它維續自己的方式，認爲它必須對自己做些什麼事。

小我是個動作，它是個動詞，不是靜態的東西。它是頭腦在事發之後的動作，而且永遠都在形成中。換句話說，小我永遠在路上，它們就在那條心理的路途上、靈性的路途上，在想要獲得更多金錢或一部更棒的車子的路途上。那個「我」的感覺總是在「成爲什麼」（becoming），總是在動作中，總是在達成什麼。若非如此，它就是在做相反的事——向後退，拒絕、否認。因此，爲了讓這個動詞能繼續下去，就必須有動作。我們必須前進或後退，接近或遠離，我們必須找個人來怪罪，而通常那就是我們自己。我們必須去什麼地方，否則我們就沒有在成爲什麼。所以，如果我們不成爲什麼，那個動詞——讓我們稱它爲「小我化」（egoing）吧——就不運作了。一旦動詞停止了，它就不再是個動詞；一旦你停止奔跑，就沒有所謂奔跑這件事——它不見了，什麼事都沒發生。這個小我感必須保持移動，因爲它一停止即立刻消失，好比你的腳步停止，跑步立刻消失。

當我們眞正了解這道理，開始看見其實沒有小我，只有「小我化」，那麼我們也會看見眞正的小我到底是什麼。這會造成一種自然的終止，亦即停止趨前追逐或向後逃離某個東西。這個終止必須很溫和地、很自然地發生，因爲如果我們努力想要停止，那又是另一種動作了。只要我們仍想擺脫小我而努力去做我們自以爲正確的靈性活動，我們就是在延續它。若能看見這其實也是同樣的「小我化」，我們便能不透過努力而停止。

你可以找到一百棵橡樹，每一棵都會有自己的性格，但卻不會有任何小我，因此，這個所謂小我的動詞的停止，與性格的停止一點關係也沒有。它和任何我們可以明確指出的東西毫無關聯：包括一個念頭、一個感覺，以及小我。如果我們必須停止什麼或這世界必須停止什麼，我們才能自由，那麼我們的麻煩可大了。要停止的，是「成爲什麼」這一動作，是趨前或遠離某個東西的動作。

若你讓這個動詞小我自行耗損，存在另一個截然不同的層面將會開啓。單純地透過觀看，我們就能看見一切生起的事物當中並沒有一種小我的或「我」的本性。生起的一個念頭就只是生起的一個念頭。如果一個感覺生起，其中並沒有「我」的本性，沒有小我的本性。如果困惑生起，這生起的過程中亦無「我」的本性。只要透過觀看，我們就能看見萬事萬物皆是自行生起的，沒有任何東西有一個本具的「我」在裡面。小我的本性是事發之後出現的。

一旦那個事發之後的想法獲得相信，我們立刻出現了整個世界觀——「我很生氣；我很迷惑；我很焦慮；我好高興；我好沮喪；我還沒開悟。」或者更糟糕的是：「我開悟了。」突然之間，這種「我念」（I-thought）之信念將我們所見、所做的一切，以及發生的每一個經驗染上了一層色彩。人們以爲靈性是一種特殊境界（altered state），但這個幻覺才是特殊境界。靈性是關於覺醒，不是關於境界。

我的老師有次告訴我：「如果你想等待頭腦停止，你會永遠等下去。」頓時，我必須重新思考自己對開悟所採取的途徑。我當時已試圖停止我的頭腦很長一段時間了，我知道自己必須尋找另一種做法。

「只管停止」的靈性指導不是直接針對頭腦、感覺，或性格，而是針對事發之後那個跳出來居功、怪罪並且說「這是我的」的那個念頭。停止它！它才是這個停止的教導所針對的目標。只管停止它，那麼，在那一刻，去感覺那個關於我的想法是如何地完全卸除武裝。當關於我的想法被卸除了武裝，它不知道該做什麼、該往前或後退、向左或向右，那才是眞正重要的停止過程，其他的只是遊戲罷了。那麼，在那停止當中，一種不同的存在狀態，一種不分裂的狀態，將會開始浮現。何以如此？因爲我們不再與自己唱反調了。

頭腦可能會聽見這些話，然後問：「什麼是不分裂的狀態？」那麼又錯過了當下所發生的事了。一個人會**感覺**到一種不分裂的存在狀態，它無法在抽象或概念性的範疇裡找到，因爲那樣的範疇本身就是分裂的狀態。當我們允許自己卸除武裝，當我們不努力試圖證明或否認任何事，而且沒有抗拒地停留在那種卸除武裝的狀態時，就會接觸到不分裂的狀態。一種狀態眞的會從身體的內、外生起，而且身體再也不會與自己交戰。頭腦可能會也可能不會想著一些思緒，但是那些思緒不會彼此交戰。要對自己的眞實本性、對眞正的你是什麼感到好奇，因爲那樣的好奇心能使你變得敞開而接觸到不分裂的狀態。從那不分裂的狀態當中，你首先了悟的便是你不知道自己是什麼。在這之前，當你自認知道自己是什麼，你是分裂的——無止盡地，而從現在開始，也就是沒有分裂之後，便不再有那沉重、受限、受縛的自我感了。你成爲一個奧祕。

分裂時，你能輕易找到一種自我感。譬如，如果我們生氣了，那就是它所在之處，但是當它單純只是憤怒，沒有對它的認同，那麼即使是憤怒也會在瞬間自行解開，它本身是一股自生、自滅的能量。那麼我是什麼呢？如果它不是「我的」憤怒，如果「我不是」分裂的那一個——我是什麼？

請允許一己**存在**的奧祕以經驗性的方式解開。從存在的層次開始，而不是思考。隨著奧祕鋪展開來，我們僅僅藉著做爲這份當下的覺知而變得越來越光明，然後，我們的身分認同會開始轉移，不再透過分裂和內在衝突來定義自己。頭腦發現，找不到掛鉤來吊掛這個身分，於是身分開始在這份敞開裡自行解構。令人感到神祕且似非而是的是：身分解構得越徹底，我們就感到越是生氣蓬勃，越是活在當下。自我感變成了彷彿在水裡融化的糖，直到幾乎毫無一個自我，而我們卻依然存在。佛陀可能會說：「所有的糖都消融了——無我。」拉瑪那．馬哈希（Ramana Maharshi）可能會說：「糖消融在水中，因此糖和水是同樣的東西——唯有一個自性（Self，或本我、眞我）。」

要從非實存的小我當中獲得究竟自由，必須看見它其實是無關緊要的。只要它仍被視爲有關係的，它就會繼續「成爲什麼」，而世上所有的良好意圖純然是爲它添加更多燃料。「我每一天都擺脫更多的我，有一天我會完全擺脫我自己，完全沒有小我了。」這段話你聽起來如何？那就是小我。但是，當那個「我」在某一刻的洞察下被視爲無關緊要的，整個遊戲就結束了，這情況好比有個人正在玩「大富翁」，認爲他的性命全仰賴贏得這個遊戲，但是突然間他靈光乍現，發現這根本無關緊要——無所謂。他可能會繼續玩遊戲，也可能會去拿個三明治。這個生命不是關於如何贏得靈性遊戲，而是關於從遊戲裡醒悟。

我們內在還有另一個稱爲「制約」（conditioning）的部分，這不是小我，制約是制約，不是小我的制約。制約好比爲心智電腦安裝一個程式，程式安裝好之後，不代表這部電腦就擁有一個小我，它只是暫時受到了制約。等我們來到成年階段，這副身心已經受到完全的制約了。那樣的制約一直被人歸咎於小我，但制約並非來自小我。小我是一個事發之後的念頭，生起於制約之後，也就是所有眞正的暴力發生之處。

當人們看見，制約就像由基因遺傳密碼、社會、父母、師長、師父等（頭腦也會開始制約**它自己**，不過那是另外一回事了）所輸入的程式，我們也會開始認知到，制約是沒有任何自我的。頭腦非常害怕看見這一點，因爲如果制約沒有任何自我，就沒人可以怪罪。怪罪自己或他人將不再有用，那就像我們在電腦裡放入一片光碟，卻怪罪電腦一樣。仔細看看當下這一刻，看看有什麼制約存在，你會看見，它沒什麼好指責的，它是存在的一部分。我們的身體若沒有制約或程式輸入，我們會停止呼吸，大腦會變成一堆糊狀物，也不會有任何智力——因爲那也是制約。

制約之所以牢牢固著於我們內在，是因爲我們將它詮釋爲「我的」。那麼當然，我們會怪罪自己和他人，也會企圖努力擺脫制約，因爲我們相信「我創造了它」、「我沒有創造它」，或者「我無法擺脫它」，而頭腦不喜歡如此。頭腦在錯覺之下認爲它可以擺脫這種制約，但是當眞相來臨，一個人會變得越來越不分裂。當制約生起，如果它不被宣稱爲「我的」，它會從一個不分裂的狀態生起。這也可以稱爲一個不受制約的存在狀態。當制約與一個不分裂的狀態相會，就會出現煉金術般的轉化，那是神聖的奇蹟。

當某個東西生起，一個人會有「這是我」或「我在此——那不是我」的經驗，這兩種都是頭腦的動作、事發之後的動作，它們多半以小我爲人所知。但是當那不分裂的狀態來臨，會發生兩件事，首先發生的可能是對我們的眞實本性，亦即不分裂的狀態、不分裂的存在覺醒過來。第二件可能發生的事是，那份制約，也就是經由無知而無辜地傳遞下來的困惑，可能會重新統一它自己。當制約在一個處於不分裂狀態之人的內在生起，而那人既不宣稱擁有它，也不否認它，就可能會出現一段神聖的煉金術過程，制約會自己重新統一它自己。如同水裡的泥沙，制約會自然而然地沉澱下來，這就像是一個自然的奇蹟。

這可能十分微妙，因爲對那所有權若有一絲一毫的佔有或拒絕之意，整個過程便多少受到了腐化。它需要我們在內在保有柔軟與敞開，因爲這個不分裂狀態非常柔軟，我們尋找它的時候，不能好像拿一把大錘子在找釘子打那樣粗魯。那也是靈性教導之所以強調謙卑的原因，因爲那能幫助我們以溫和、謙虛的方式進入我們存在本質的實相。我們不能朝天堂的大門橫衝直撞，而是必須讓自己卸除越來越多的武裝，那麼一己**存在**的純粹意識才會變得越來越明亮，我們才能了悟自己是誰。

當它變得非常明亮的時候，我們會看見自己就是這道光明、這道光輝，然後我們會從自身經驗領悟到關於自己此生出生爲人的一切。這道光明回過頭來尋找自己、尋找每一個困惑、尋找它遭受的每一丁點痛苦。那個「我」試圖逃離的每一件事，神聖的自性都會回來尋找它。這光明的自性開始發現它的眞實本性，想要解放它自己的一切、想要享受自己、眞正去愛自己的每一種滋味。眞正神聖的是對如是的愛，不是對「可能是」的愛，這種愛解放了如是的。

所有人眞心裡都是一個對於如是的愛人，那就是我們爲何無法逃避自己的任何一部分的原因。不是因爲我們是場災難，而是因爲我們是有意識的，我們在這一次的出生回來尋找我們自己的一切。無論我們多麼迷惑，我們都會回來尋找自己在遊戲裡遺落的每一部分。這就是眞實的慈悲與愛的誕生。太久以來，一些靈性傳統一直說你要愛就必須經歷一番殺戮，但那只是個迷思，眞相是：眞正令人自由解脫的，就是愛。

12

LOVE
愛

每個人對歌曲、詩篇、廣告、青春浪漫所頌揚的那種愛應該都很熟悉。那種愛是美好的，但我想談的，是最爲本質的愛、意義最深的愛。愛是眞理的一個重要面向，沒有愛，就沒有眞理；沒有眞理，就沒有愛。

任何一個人若有幸體驗到深刻且具體之愛，都知道愛是超越一切經驗與情感的。如果你曾體驗過這種愛，你會知道即使你不處於那個稱爲「愛」的情感狀態裡，那份愛依然存在。如果它不是眞實的愛，那麼你一旦走出那個情感狀態，你會意識到你所擁有的只是那份情感，那時的你就會好像一部車子沒油了的感覺。那不是眞實的愛、最深刻的愛、愛的基礎。當你眞正去愛，你會知道愛超越一切經驗。舉例來說，一個母親愛她的孩子，即使孩子快要把她逼瘋了也一樣。她知道即使在她心情最黯淡的低潮時刻，愛依然在。如果你曾經愛過一位朋友，你會知道，即便你感覺不到這份情感了、即便遭遇了艱難的時刻，這其中仍有愛。最最深切的關懷超越了所有的經驗。

當然，愛有許多不同的表現方式，但是當你指的是任何眞愛的經驗，你知道縱然是在該經驗不在的情況下，愛依然存在。每一次你說出它的名字，或者說「這就是愛的樣子」或者「這就是愛的感覺」，你會注意到，那些定義不存在的時候，愛也是存在的。你無法眞的完全了解它，說：「這就是眞愛的眞正模樣，」因爲它是超越那個的。它有點像是一個自我，無法被找到，所以你可能會說：「我找不到一個自我，所以它一定不存在。」但的確有某個東西是覺醒的、閃耀著光芒的、有意識的，雖然那東西是朗朗光明的無物。

同樣地，當眞理在的時候，眞理的愛的層面也永遠都在。這種愛超越了情感的起伏消長，它是一種永遠敞開的愛。如果把你的敞開抽離了，那麼愛便死去，眞理便死去。這種愛是讓我們能以某種無可言說的方式深深相連的東西，而它只在我們眞的有空的時候、眞正敞開的時候才會發生。語言文字既無法增強它，也無法從它那裡帶走什麼。當我們將注意力轉向那無可言說的，它將赫然出現。有一種相互連繫會出現——一種美好、親密的東西發生了。當我們以這種無可言說的方式敞開，我們會覺得仿佛是敞開與敞開的相會。

你們全都曾經歷過一種時刻：就是你知道是它，但基於各種理由，你爲了其他的既定計畫而中斷了與那份敞開的連繫。某件事發生，然後啪嚓一聲——那份連繫不見了、謊言說出了口。當你與這無可言說的層面失去了連繫，就好比你說了：「我要開始說謊了，說出不眞實的事。」當你切斷心中之愛的時候是很容易說謊的。如果你在心中保持與它相連，便難以開口說謊或說出半眞半假的話。如果你拒絕與愛失去連繫，那麼你擁有的每一份關係將會完全蛻變，甚至包括你與自己的關係。

這些話聽起來似乎有些奇怪，因爲你被教育說愛的連繫應該保留給特殊時刻、特殊的人、特殊的環境，讓這份連繫無所分別是個禁忌。你可能曾經這麼想：「我會將它留給你、還有你、還有你——但是剩下的其他人實在滿可怕的。」然而那清醒的、那超越一切形容的愛，當它做爲一種深深的連繫與深深的合一時，這種愛是無有分別的。它不知道如何將自己開啓、關閉，那個開關只會存在於頭腦中，這份愛永遠是開啓的。它愛聖人和愛罪人一樣多，那是眞正的愛。仿造的愛是：「我愛你勝過任何人，因爲你比其他人更符合我那狹小的、扭曲的世界觀。」

眞愛與眞理是同義詞，它與眞理並無差別。它不是與完美的伴侶共赴畢業舞會那種愛，當然，那沒問題，但它是不同的東西。愛的最深本質不是墜入或跌出愛河的那種東西。愛如其所是，如此而已。它也愛那些甚至你的性格不會喜歡的人，這不是因爲我們培養它成爲如此，或變得聖潔、崇高，像聖人一般，那和我在談論的愛毫無關係。這種愛是一種深刻而簡單的認識，某種直覺地了知它自己，並在每一個經驗、每一個存在，以及每一雙眼睛裡遇見它自己。它在一切發生的事情裡與它自己相會。它所愛的只是「無論什麼事情發生了」這個事實，因爲那是眞正的奇蹟。什麼都不存在是如此簡單，什麼都沒有比有些什麼容易多了。竟有什麼事發生，而且我們還活在這個稱爲生命的豐盛裡，這就是一個奇蹟！

這個愛的深度不是讓我們墜入其中或跌出其外的東西，我們能墜入其中或跌出其外的愛，在某種程度上已經從愛的核心本質裡移除了。雖然那種愛也是多數人生活經驗的一部分，但是我要說的這種愛只是被認出了**在**。我們初次認出它時，是個大大的驚奇——我們發現的這份愛，就在這裡，直接來自我們自己的愛，愛上了它所遇見的一切事物。

「怎麼會這樣？我不應該愛那個和我有不同哲學觀的人。」

「那個愛在這裡做什麼？我們在政治的意識型態上根本是完全相反的兩極。」

「我爲什麼愛你？它是怎麼悄悄溜進來的？那是一種什麼樣的愛？」

這就是深層的愛，這就是做爲眞理之同義詞的愛。當這份愛存在，眞理亦存在；在眞理存在之處，這份連繫、這份深層的愛亦存在。

有許多關於耶穌的故事描述了這種愛。他周遭的人不斷告訴他什麼不可以愛：「這個妓女，我們會向她丟石頭處死。神不愛那種人。」但是耶穌，處於與愛完全連繫的狀態，深知這份愛是不分別的。它不會因爲某人很好或很崇高而來，它如其所是，它不分別地愛每一個人。他大多數的宣教內容皆以這種愛爲基礎，甚至對那些置他於死的人亦同樣表達出這份愛，他說：「父啊，赦免他們，因為他們不知道自己在做什麼。」那是來自一種不會停止的愛，即使面對死亡亦然。那是愛的聲音。頭腦可能會說：「喂！他們要殺我，我有權利保留愛。」但真理並非依循那樣的規則來運作，它不會遵照頭腦制定的遊戲規則來玩，它無論如何都會愛。別搞錯了：這種愛與你變得多麼崇高、神聖、傑出毫不相干。這是一份早已存在的愛，它過去一直在此，也將永遠在此。它是一種純然如是的愛。

你必須將這份愛打折扣，才能繼續以一個分裂的自我身分從事各種活動，但它依然存在。而這其實是我們最大的恐懼，也就是發現你愛各種各樣的人事物，以致你的頭腦寧願不愛。也許唯一一個比死亡更巨大的恐懼就是愛，眞愛。發現你確實會愛，發現這是你的本性，將開始終結你內在認為一切都是分離的狀態。當你對某人感到心煩意亂，其實是因為愛就在那裡，而你不想要它存在。那就是離婚的人為何經常激烈爭吵的原因，他們以為既然要離婚了，就不該有愛，但愛其實仍在那裡。你也許不喜歡、你也許不想和某人生活在一起，但是愛依然在，因為沒有所謂「曾經愛過然後不愛了」這回事。人們若願意面對事實，了解愛的浪漫成份或許不再，但關懷與連繫依然在，其實可以讓他們的能量獲得釋放。你可能也會在某個人身上逐漸熟悉這種情況，因為你到頭來會發現，它在那裡與一切存在在一起。它就是在那裡，那是既定事實，那人是誰都無所謂。如果你能接受愛，便會知道何時該與某人在一起，何時該離開。

真愛與喜歡某個人、與某個人意見一致或彼此相容毫無關係，那是一種一體之愛、一種看見神戴著各種面具並在所有人當中認出自己的愛。若沒有了它，眞理會是流於冷酷、分析的抽象概念，那不是眞正的眞理。眞理會願意敞開自己接受這份與萬物的親密連繫。無論一個人的性格喜歡與否，那一種親密的連繫都是存在的。有時候它會衝到前面，以張揚的方式讓自己爲人所知；而有時候，它會像餘燼一樣在背景燃燒，爲一切守候。有了這份愛，你可以感覺到敵對的牆垣在認知到這份深刻連繫的當下自然地崩塌了。不僅敵對的牆垣會倒下，這份愛也會被每一個人、被生命本身感覺到。

它猶如父母對子女之愛：雖然你有時會感到挫折，這份愛依然不變。它和生命十分類似，有時讓你快要抓狂，而有時又很美好。這種愛超越了持續不斷發生的美好時刻與失意時刻，當你對這種超越順境與逆境的愛覺醒過來，你和生命本身的關係會出現根本上的革命。這種愛沒有對立面，例如恨，但是它透過一切事物在一切時刻呈現。當你領悟到這一點，就是個革命，因爲當你看見你之所是的這份愛，會愛那不可愛的、愛你不該愛的，或你的文化不容許你去愛的，而且不在乎小我分離的規則，你便會明白，這是一種全然不同的愛。

請了解，我所說的這種愛不是排外的，它不會排除其他愛的經驗。友誼之愛、婚姻之愛，以及其他許多類型的愛，都有它們在這世上存在與活動的方式。但是我現在所談論的是核心本身，蘊含在愛的所有滋味裡的核心本質。這是眞正的靈性之愛，一份深刻的、無可言說的連繫。只有這種愛有力量將我們的關係蛻變爲充滿生氣的、蛻變我們與彼此的關係，以及我們與世界的關係。這種愛是永恆的，這種愛是不受束縛的。

有許多次，當人們對這份愛覺醒過來，他們會告訴我：「阿迪亞，這對我來說實在太沉重了——它會把我整個人撕裂。」荒謬！太沉重？你是透明的，你是空的，它只是穿過了你，往更遠處去。穿過你往更遠處去！唯有當你執著於某種方式的時候，它才會感覺太沉重。你緊抓著你個人的疆界概念、你的界限，那麼當然你容不下它。愛永遠不該受到束縛。

13

SPIRITUAL ADDICTION
靈性上癮

靈修人士很可能會對靈性上的高峰體驗上癮，而錯過了眞理的經驗。當某件偉大的事情發生，感覺好像你施打了一劑很強的藥物，這時靈性上癮很可能會出現。你一經驗了它，就立刻想要更多。沒有什麼藥物比靈性經驗的藥效更強了。這種上癮症的智識成分是相信自己只要有夠多這種經驗，就能無時無刻感覺很棒。它就像嗎啡，你因爲手臂骨折而去醫院注射了一劑嗎啡，然後你便想：「如果我隨時都能來上幾滴，生活會相對愉快，無論發生什麼事都無所謂。」靈性經驗經常變成這樣，頭腦也會爲它們套上熟悉的模式，想著：「如果我能一直擁有這種經驗，就能獲得自由了。」

很快地，你會發現自己的狀況比一個普通的醉漢好不到哪裡去，差別在於醉漢知道自己有問題，因爲變成一個醉漢在文化上是不被接受的。靈修者卻非常確定一切都沒問題，而且他的酩酊大醉和其他形式的酩酊大醉不一樣，整個重點是想要永遠處於靈性酒醉的狀態。那就是上癮者的心態：「我得到它了，而我又失去它了。我需要它，我沒有它。」

在我們的文化裡，對大多數類型的上癮而言，上癮者皆被視爲是淒慘痛苦的，但靈性世界則不然。靈性追尋者被告知，靈性上癮和其他所有的上癮都不同，你不是個吸毒的毒蟲，你是求道的靈性追尋者。

只要你內在仍有某些東西不斷期待著高峰體驗，這個問題就會持續下去。而當那些東西開始瓦解，你會開始看見那些愉悅、美妙、令人情緒高漲的經驗，在某些方面也好像是令人開懷、亢奮的狂飲經驗。你會在一段短暫的時間裡感覺棒透了，接著就會有個對等的、相反的反應出現。隨著靈性高潮而來的是靈性低潮，我曾在許多學生身上見過這個現象。

一旦這些高潮與低潮經驗在一段長時間裡交替起舞，終至疲弱無力時，你會開始明白，也許高峰的靈性體驗也只是跟著低潮經驗來回擺盪的鐘擺。在某個時間點，也許是一個普通的時刻，你意會到了一個事實：這些鐘擺的來回擺盪是對等且相反的反應。你會明白，要讓鐘擺維持在某一邊是不可能的，因爲它的本質就是來回擺盪，不可能將鐘擺固定在任何一點上。

這就是求道者的移動方式，但是它也是那個「我」（或「小我」）的活動方式，因爲小我總是對相反與對等的反應充滿興趣，總是試圖維續一種經驗、逃避其他經驗，那就是「我」在做的事。它追逐好的、避開壞的。只要身分認同仍存在這個活動裡，即使它處於看似非常崇高的靈性高峰，你也永遠無法自由。這其中毫無自由，因爲根本沒有維續一個經驗這種事。自由，就它一己的本質而言，與維續某個特定經驗毫不相干，因爲經驗的本質就是動，一如時鐘不停地滴答擺動，它持續在動作中。

我們必須討論靈性上癮這個議題，因爲除非你了解它，否則我要提出的第二個重點就會淪爲另一個花俏的靈性概念。如果你了解了第一個部分——也就是靈性覺醒非關任何特定的高峰體驗——那麼第二個部分將會變得更有意義，也會變得有趣多了。第二部分就是：萬物皆意識，萬物皆神，萬物皆一。看見萬物皆一，能證明試圖將經驗的鐘擺固定於特定一處的謬誤。如果全部皆爲一，那麼鐘擺在高峰狀態和鐘擺在其他狀態也一樣不異於一。

禪師不會以抽象的方式解釋任何事情，這是它的美，也是它恐怖的地方。我的老師對此的解釋將會是舉起禪杖，說：「這就是佛。」接著他會啪地一聲用力敲擊地板，然後每個人就會想：「哇！那眞是瘋狂的禪。我希望我知道他在說什麼。」然後他會繼續——啪、啪、啪、啪——接著他會說：「這就是禪，就是這個了！」每個人的反應都是：「噢，哇！」人們會納悶：「什麼？在哪裡？」但沒有人會說出來。「它不可能是**那個**，因爲那只是拿一根棍子敲打地板而已。」由於對頭腦來說並非全是一，頭腦一直想要尋找它。「它在哪裡？」「那是什麼狀態？」因爲小我依照自己的情緒狀態來判斷一切事物，那就是它用來決定何謂眞實的方法。它認爲那眞實的永遠都是一種靈性高峰的情緒狀態，但是拿棍子敲打不是一種非常靈性高峰的狀態。接著，更糟、更恐怖的是，他可能會說：「這是對眞理的具體描述。這就是佛，這不抽象。」然後我們就眞的舉手投降了。

學習一種主張具體描述的教導，眞的是種幸福的事，因爲如此一來他可能只會說：「萬物皆爲意識。全部都是一。」就像我有時會說的一樣，然後頭腦會想：「我懂了，我相信這一套，我知道那是什麼意思。」但是當那根棍子打到地板上，老師說「就是這個了！」之際，你卻完全無法理解那意味著什麼。當那根棍子啪地一聲擊落，你所能遇見的神莫過於此。在那之後的其他每一件事，都只是抽象概念，都是遠離事實的活動。在禪裡，不容對抽象概念做出任何讓步，這是禪的力量，也是它的詛咒，因爲它強迫學生了解那眞實的，而不會讓他們自以爲了解某件事，實際上根本不了解。

這讓求道者陷入了進退維谷的兩難。在沉思何謂「萬物皆一」的時候，小我便開始尋找「一」的經驗，然後它讀了一本關於「一」的書，讀到一段關於將自己融入或消失在樹皮裡或其他地方的描述，於是開始在過去的情緒經驗裡搜尋，想要看看它是否曾有過那樣的經驗。融合爲一的經驗十分愉快、非常美妙，你可能有過，也可能不曾有過這樣的經驗。如果你有某種特殊類型的身心，你可能每五分鐘就會出現一次這樣的經驗。如果你有另一種特殊類型的身心，你可能每五世才會出現一次這樣的經驗。這是否發生，或多常發生，其實沒有任何意義。我曾遇見過許多可以在剎那間融入一樣東西的人，但他們自由的程度就像在籠子裡追逐自己尾巴的狗。「融合」（merging）與自由自在或眞正了解何謂「一」毫不相干。「一」單純地表示每一個事物都是那「一」。每一個事物都是「那個」，而且每一個事物永遠都是「那個」。當萬物皆一的深刻了知生起，那麼小我試圖尋找一個過去經驗的活動便停止了。活動被斬除了，追尋被斬除了，追尋者也被斬除了。了悟，一次斬除了所有東西。每一個你將擁有的經驗都是那一，無論該經驗是否融合了什麼或只是去上個廁所。即使當它是棍子敲打地板然後說：「就是這個。這就是佛，這就是開悟的心，開悟不過就是如此！」它也全是神。

當小我，亦即認爲「一」的經驗與鐘擺擺向高峰的情緒狀態是有關的那個我，開始看見這樣的信念是多麼受限時，這份了悟經常會逐漸展露曙光。「我得到了，又失去了」這種經驗，對求道者而言是非常、非常寶貴的經驗。經驗來回擺盪的美麗之處在於，它會開始強迫小我放下關於經驗的一切概念性架構。你會質疑那個錯覺，也就是誤以爲無論在任何時刻，經驗裡的品質能告訴你關於現實的究竟本質這一錯覺。小我認爲，當它感覺良好，就是距離它的眞實本性更靠近一步，當它感覺很糟，就是遠離眞實本性。但是，生活在這種「我得到—我失去」的來回擺盪裡一段時間之後，小我最後終於不再相信自己的錯覺。某種東西開始識破了它，認知到這不是自由。

現在，如果求道者被預設了在這種來回擺盪裡，他聽見我說的話或許會想：「算了吧！我還是相信我可以將盪上頂點的靈性高峰狀態鐘擺固定住，讓它停留在那裡。」一個求道者的整個存在與身分認同，很可能會全部投資在這個鐘擺經驗裡。領悟到你花了一輩子、甚或多生多世的時間，都在試圖將你的經驗固定在一個高峰的情緒狀態，而它所帶來的一切卻只是讓你變成一個靈性經驗上癮者，這著實令人彷徨無依。如果你感覺到這種強烈的迷惘，你可能會想要遠離它，因爲突然之間，你內在的求道者不知如何是好了。它非常迷惑而且懷疑：「如果我不必追求高峰體驗來獲得自由，那麼我在做什麼呢？」

求道者必須安住於那份迷惘，以及不知該如何是好那種感受的正中央，因爲若能安住於該處，不抗拒亦不遠離它，在那樣的一刻，某種新的東西將會誕生。請透過自己的體驗來感覺，如果你讓自己體驗，當求道者停止追尋有別於當下發生的另一個不同經驗，而感到迷惘時，那麼開始誕生的是什麼。你可以感覺到求道者正在消融，有一份平靜會浮現，這份平靜正是那求道者一直在尋找的東西。當求道者消融了，那麼平靜就誕生了，定境也出現了。這不是那種對情緒狀態有任何依賴的靜止品質。當求道者開始消融，剩下的只有平靜的那一刻，鐘擺可能會擺盪至一個高峰的靈性狀態，或擺盪至一個非常普通的狀態，甚或是一個令人不愉快的狀態，但平靜本身卻依然完全獨立於那些情境，不受影響。這即是了悟到自由只能從求道者消融的地方出現，因爲不再有任何趨向或遠離該經驗的動作了。

經驗的本質即是如大海裡的波浪般變動或起伏，它本該如此。身分認同開始從「我」、從那追逐某些特定經驗的求道者，轉移至只是這個。只是如此。中心永遠在此，中心一向在這裡。只是求道者一直堅持中心可能在那靈性高潮的經驗裡。但是當求道者消融無蹤，那麼就在此地，它就是每一件事的中心，此地是無動作的。你可能會有一個非常普通、非常不愉快，或非常特別的情緒或心理經驗，但是中心依然在此地。而且，唯有從此地，才會開始出現「萬物皆爲該中心之表達」的體悟。沒有任何表達比其他表達更接近眞理，也沒有任何經驗比其他經驗更接近眞理，因爲在所有這一切的中心，並沒有一個求道者。這裡，空無一物。一切皆一。

你會發現，中心沒有一個小小的「我」在占據著這空間。沒有這個小我在中間，就沒有人在評斷一個經驗是否爲正確經驗，或是否爲靈性經驗。你明白了嗎？就是這個了！當我的老師將棍子啪地擊落在地，他是在顯示一切都是從那空無一物的中心生起的，一切都是那中心的表達，與那中心無有分別。如果你無法在**這裡**看見這一點，也不會在任何其他地方看見這一點。這就是「大解脫」（Great Release）——從必須改變什麼才能抵達應許之地或尋找開悟經驗中解脫。開悟經驗即是毋需改變，事實上，你可以從這裡看見，開悟本身並不是個經驗，它也不是靈性高峰。

因此，每一個經驗都只是那個的一種表達，而那個並不是一種經驗。萬事萬物都是那個，除了那個，其他全無；在過去亦是除了那個，其他全無。這就是何謂了知一切皆一的眞正意義。那就是爲何自古以來的聖者都說：「這就是應許之地。」這個合一就是神。這就是那一個。這就是**它**了，它不在別處。一旦這個中心被視爲空無的，而且你知道沒有人在那裡尋找它，或想要成爲不是如是的它，這都比最頂峰、最高潮的靈性狀態要好太多了，不過，儘管那些已是好到無法再好，眞理卻是永遠地更加自由，直到無限。

〇

學生：能否請解釋靈性體驗與經驗到片刻的非二元覺醒兩者之間的不同？人似乎有可能陷入試圖重現其實只是短暫性的非二元覺醒經驗。

阿迪亞：我能說的只有，一個經驗就是個經驗就是個經驗就是個經驗。的確，一個人很可能瞥見非二元狀態，而通常發生的是，如果求道者的本質尙未被識破，求道者將會迅速地重新宣示主權，將非二元狀態的副產品和自己連結在一起。看見無物可尋、從未有任何東西可尋、一切皆神的非二元、非經驗性狀態，其副產品就是一個大大的「啊哈！」求道者可能犯下的錯誤（如果他尙未識破一己本質），就是將那「啊哈！」與非二元、非經驗性的狀態關聯在一起。當然，那個「啊哈！」可以是鬆了一口氣、快樂、歡笑、淚水，或者至福，所有這些都是副產品，是非常美好的副產品。並不是說瞥見的那些不是眞理，只是說：除非求道者的本質已被徹底識破，否則求道者會開始再度將那些經驗性的副產品與覺醒本身關聯在一起。如此，副產品將會變成目標，它的確已變成目標了。

因此，我不是指所見的那些不真實，或沒什麼重要的事發生，副產品確實是非常美妙的。我的意思是，你能不能開始清除所有副產品？我們能不能看見副產品的**源頭**是什麼？

學生：接續這些同樣的話題，你是否同意你提供了一種讓人變得更加自由的解構技巧，讓我們藉此識破束縛自己的錯誤觀念，努力去解開這個結？對我來說，我們所談論的那種敞開似乎可以透過其他像是禪修或靜心冥想的技巧而獲得。如果我們持續讓自己擁抱那些敞開的時刻，那麼透過不斷體驗，它們會在身心系統裡根深柢固，然後在某個時間點開花結果。

阿迪亞：嗯，有可能它會如此運作，但是通常不會。通常，求道者會擁有某個特殊經驗，然後又失去它，或者該經驗會有個相對的出現頻率，無論是一週一次、一個月一次，或者一年一次都好。就我所見，人們的普遍迷思是：如果持續擁有那些經驗，一定會出現什麼改變。有時候，的確會出現什麼改變，但大多數的時候，求道者每隔一段相對可預期的時間便再度出現那些經驗，你幾乎可以把它做成圖表了。而且他們相信，總有一天，這些終將會有所回報。求道者相信，他們正朝著開悟邁進。那是個迷思。

我的意思是，事情多半不是如此運作，我不是說這不可能，我的意思是，它多半行不通，因爲求道者認爲下一個經驗會有所不同，而且會是對的那一個。那是一個通常不會受到任何質疑的幻覺，而如果它未受質疑、未受檢驗，那麼一個人可以持續擁有靈性體驗，它甚至會以極高的頻率出現，那就像是持續喝醉酒的狀態。你只是更常喝酒，對嗎？你的靈性體驗能以極高的頻率出現，但那不表示你就不是個上癮者。那個求道者還穩穩地坐在它的位置上。

學生：這讓我想起一個關於信任一己經驗的問題。如果你吃了某個與你不合的東西，你以後就不會再吃它，你會試圖避開它，那就是所謂的智慧或聰明。而如果某個東西對你行得通，而且帶給你自由的經驗，那麼神所賦予的自然反饋迴路會說：「朝這個方向進行。」因此，在處理這種自然傾向的時候，也就是人會將某個特定行爲與伴隨而來的靈性體驗或敞開關聯在一起的傾向，您有何建議？你的意思是我們不應該隨順那樣的反饋訊息嗎？

阿迪亞：不是，我的意思正好相反。我的意思是，你其實應該隨順反饋訊息。你應該隨順你的經驗。唯一的問題是，大多數人只隨順他們的部分經驗，而沒有隨順全部的經驗。他們的部分經驗是相信：「如果我這麼做，就會獲得自由的體驗，那很棒，那就是這一切的重點。」或者：「從我的切身經驗來看，我知道如果我這麼做，某一刻恩典會降臨，我會獲得很棒的經驗。」我完全不會對這些提出辯駁，那是一個人的部分經驗。而一個人的另一部分經驗卻通常未受到檢視，那就是這個進展過程、這個活動本身就是個束縛，它不是自由。它總是在等待下一個經驗。人們的經驗清楚地向他們顯示了這一點，他們也心知肚明。他們知道他們並非眞正自由的，因爲他們在等待著自由。這種等待也是他們的經驗，但是通常它幾乎是立刻遭到抹煞，因爲這部分經驗威脅到一個人他整個的靈性範型，因此求道者不去看這部分。

學生：是的，我不想看這部分。

阿迪亞：我的意思是，要信任你的經驗，但是要信任你整個的經驗。

學生：聽起來你是在挑戰進化發生的概念。你知道，事情有階段、有步驟，你的確會從甲地走到乙地，總有些地方可去，否則我們不會在這裡談論著該做的事。難道沒有任何進展過程嗎？

阿迪亞：是有進展過程（progression），但不是你去到了任何什麼地方。若有，倒比較像是「退步過程」（regression）而非進步過程。它的重要性在於——我的意思不是退化至嬰兒階段，不是那種退步——你從所有的靈性概念退化至一個更簡單的狀態。就那樣的意義而言，確實可能發生退步過程，重點是，一個人可能會突然遭遇到我所說的情況。它可能突然之間、一下子全部來了，也可能漸漸來臨，好像奶油融化一般。如果我們想將奶油的融化稱爲一種進展過程，我想我們可以，但我想說的是，奶油融化是有別於進展過程的一件事。你哪裡也沒去，你其實是迅速去到了無處。它發生的方式有兩種，可以逐漸發生或突然發生。就我對許多人的經驗來看，它會任意以它想要的方式發生。因此，就那樣的意義來說，我可以接受那個進展過程的理論，但我不接受的說法是：有一些經驗告訴我，我在這個經驗上比其他經驗要進展更多。那是個陷阱，它們不會指出你有任何進展。

學生：那就是我覺得有一點危險的部分，因爲我認爲我們全都想要測量進展程度的某種量尺，而且我們會在薩桑這裡陳述相關的故事。

阿迪亞：我們的確如此。

學生：我們談論這個困境上星期發生在我身上的情況，然後我覺得我處理得更好了——例如薩桑發揮了作用。我們會有一種情況改善和生命變得更好的感覺。

阿迪亞：是的，改善的情況當然會有，但是改善不是覺醒或開悟。

學生：顯然，世上有各式各樣的經驗，我們可能會被它們欺騙。我眞的聽見了你所說的：不要陶醉在金光閃閃裡而停下腳步，繼續往堡壘前進。不要占領任何金礦、銀礦，然後沉迷其中。

阿迪亞：沒錯，因爲它們會用完。如果你的經驗是生活越來越好，或者越來越自由，那麼我又是何許人能提出爭辯？那是你的經驗。如果一個人擁有那樣的經驗，那麼我很高興他們會變得更快樂，而且他們可能會對自己和他人更加和善。那很好。但就自由而言，確實沒有一個計量器。你若不是醒來，就是沒醒來。

14

ILLUSION
幻相

世界爲幻相。
唯梵天是眞。
世界即梵天。

——拉瑪那・馬哈希（Ramana Maharshi）

世界即梵天，若直觀之即爲究竟實相，但是這個世界覆蓋上了一層帷幕，它是我們對這世界的要求所構成的。每個人都有他的要求，有些人覺得這世界給他們的不夠多；有些人相信這世界不夠安全；有些人則要求每個人都要心平氣和。一個人對這世界或自己所提出的種種要求永無止盡，這些要求構成了這一層帷幕。所謂「世界是個幻相」，即表示這層帷幕其實是不存在的，它不是眞的，它只是頭腦的一個功能。

有人告訴你：「我愛你，」你便覺得：「噢，我一定非常値得人愛，」其實那是個幻覺，不是眞的。或者，有人說：「我恨你，」然後你便想：「噢，天啊，我早就知道，我不値得人尊敬。」那也不是眞的。這兩種想法本身都沒有本具的眞實性，它們就是那一層帷幕。若有人說：「我愛你，」他是在告訴你關於他自己的事，而不是你的事；若有人說：「我恨你，」他也是在告訴你關於他自己的事，而不是你的事。

世界觀就是自我觀——確實一字不差。個人感知的帷幕所構成的世界，其實只發生在頭腦裡。有一個好方法能讓你一窺這件事的全貌——就是想像你正在垂死。一切隨你而逝的東西，全不是眞實的：你對自己的一切觀點、你對世界的觀點，以及它該有樣子、它可能成爲的樣子、你該有的樣子、你可能成爲的樣子、你是開悟的或沒開悟的等等。一旦大腦停止運轉，所有這一切想法頓時消失無蹤。它並非實際存在於此，根本沒有一件事眞的正在發生。那就是爲何靈性覺醒包含了死亡的元素。

如果你眞的想要自由，就必須準備好失去你的世界——你的整個世界。如果你試圖證明你的世界觀才是對的，你可以考慮打包回家了。如果你想要覺醒的時候發現：「哈雷路亞！我就知道我是對。」那麼倒不如去度個假或回去上班吧，別拿靈性這檔事把自己逼瘋。但是，如果你仍有點興趣這麼思考覺醒與了悟：「噢，我完全錯了。我對自己和他人的看法完全錯了。我對這世界的看法完全錯了，」那麼你可能來對了。

人們很可能在自己不知道的情況下，在靜坐中試圖證明自己的世界觀是對的，原因可能正面和負面的理由皆有。一個人可能會想著：「我知道我是個佛。我知道我是開悟的。我知道我是開悟的。」但縱然是那樣的想法，也是試圖強行塑造一個世界觀，而它永遠無法眞正切中。黃檗禪師鼓勵人們把佛陀丟掉——丟棄所有的見解、所有的世界觀，甚至是靈性的世界觀——如此才不會在「如是」之上強加任何東西。那就是「如果你在路上遇見佛陀，立刻殺了他」（見佛殺佛）這句話的由來。如果你對眞理存有任何形象，立刻砍掉它，因爲那不是眞的。

釋放這層想法與形象的帷幕好比從夢中醒來。醒來，是唯一能領悟這是個夢的方式。我們可能是個十足的基本教義派分子——即使學習的是東方的教法也有可能，你知道的。你可能相信沒有世界、沒有自我，但那若不是直接體驗到的東西，只會淪爲另一種形式的基本教義派。那是頭腦對如是強加某些東西的另一種方式。

當你靜坐時，你會開始認出自己所攜帶的各種觀點，然後你可以放下它們。但是你一放下它們之後，很快會有其他替代品出現。那就像信念，大多數人若不是已經緊抓住另一個信念，是不會放下原本的信念的。這個信念更好，所以現在我要接受這個。但是，質疑那個抱持信念的人，會比一路上不斷質疑每一個小小的信念要有效率得多了，因爲你識破一個信念之後，很快又會有另一個冒出來，那情況有一點像拔野草。

我小時候最好的朋友住在我家對街，他們家有一個後院，院子裡的雜草長得比整個草坪還要多。他父親會支付我們每小時二十五分錢來幫他拔草——提醒你，那是三十年前的事了。即使是在那個年代，我們也知道一小時二十五分錢的工資並不高，但是工作一小時就有一根棒棒糖可以吃。剛開始，我們會坐在院子裡，用小餐刀將雜草挖起來，不過，那實在太困難了，所以我們開始用雙手拔，將雜草的上半部拔掉。因爲雜草比草皮還要多，所以在夏天，當我們眞的決定賺一點錢的時候，我們會一直拔、一直拔，一天拔上好幾個小時，最多連續兩個星期都在拔草。一星期後，我們拔到草皮的另一邊時，一開始被我們拔掉的雜草竟又開始長出來了。這就是信念運作的方式。你拔掉了一個，但是如果沒有連根拔除、沒有拔除持有信念的那個人，新的信念將會爲了攫取你的注意力而一再出現。那是保證自己有份工作可做的好方法。自我會以這種方式保持活躍。

因此，將那個持有信念的人連根拔除才是重點所在。那個持有信念的人是誰呢？那個在掙扎的人是誰？那個沒有掙扎的人是誰？一旦你將鞏固整個結構的人連根拔除，整個結構於焉崩解。如果我將根拔起，那麼整個概念的架構就崩解了。如果你留下一小段根在那裡，它會再度長回來，重新開始建構信念。

學生：有時候我會看見自己的世界觀是個幻相，而且感覺到一體性，但之後我又會再度陷入分裂當中。該如何停止如此的反反覆覆，並從偶爾幾個片刻出現的了悟轉變爲持續的了悟呢？

阿迪亞：消除那一個提出「什麼時候才能從片刻的了悟轉變爲持續的了悟？」這一問題的人。你是否能感覺到那個正在提出這問題的？它是某個思想的動作在發問。那完全只是概念上的帷幕。禪有句話說：「這一分鐘是佛，下一分鐘是眾生。」有時候你是個佛，有時候則是個眾生。永遠是佛是因爲兩者都是面具。眾生是個面具，佛也是個面具。當面具脫落，眾生和佛是相同的。

學生：而你無法將它稱爲任何東西。

阿迪亞：你無法稱它爲任何東西。它是無面具、空無，如同黃檗禪師所說：「示現爲佛無較偉大；示現爲眾生也無較差。」

學生：我注意到自己的內在執著於這種自由落體的感覺。

阿迪亞：執著於自由落體的感覺仍是執著於某種東西，而那正是受苦的根源，因為愉快的感覺不會永遠存在。感覺會改變，只要能看見這一點，就能將它放下，甚至連最美妙的經驗，也能自然鬆開對它的執取。我們超越了悟、超越自我的面具，而且超越佛的面具。摘下空無之前的厚重面具，並且超越它時——一切只剩那偉大的「啊！」

○

學生：當你談到沒有概念或幻相，以及了悟空性，那似乎是個超乎愛的境界。就我的經驗而言，那份愛也是從這樣的覺醒裡生起的，而它似乎是一個介於幻相與空性之間的能量場。你能談談愛嗎？而且談談它在覺醒裡的角色為何？為什麼有那麼多愛在我們內在，我們卻很少感覺到被愛？

阿迪亞：空性的第一個活動就是愛，那也是第一個召喚，那是同樣的東西、同樣的愛。它促成這整個宇宙的出現、整個存在的創造與誕生。它就像一位母親。萬事萬物皆從那無可名狀的愛與美之感受所生。它是無的第一個表達，以那樣的意義而言，愛經常成爲進入最眞實、最深奧狀態的入口或大門。我想人類之所以沒有感覺到愛，是因爲他們與自己失去了連繫，而他們自己正是愛，愛的源頭。

整個人類的機制其實就是愛的體現、創造力的體現。小我看不見這一點，它發現自己無法允許那樣的愛進入，只有我們的眞實本性能允許它進入而不受到過度的衝擊。那就是爲什麼在靈性團體裡，老師不單單是爲人所愛，也爲人所崇拜，因爲一個小我無法承受那麼多的愛。人們甚至可能在自己身上感覺到那份愛。由於它對小我來說感覺起來實在太多了，因此那份愛被投射到老師身上。

我們傾向於投射自己的眞理、自己的美好到他處。我們投射自己的美，那是個無意識的決定：「我，無論以什麼方式，透過主觀意識或潛意識，決定做一個分離的人。但是由於我並非眞的是分裂的，我必須送走我的眞理。但既然我無法擺脫眞理——它不可能就這樣從宇宙間消失——我必須把它放在別處。如果我要假裝自己是這個受局限的某人，我就必須將我的神性送給別人。」然後，它就跑到耶穌或者佛陀，或者靈性老師身上了。「有人必須保管它，因爲我忙著當這個我，」那就是投射。

我想，如果有愛，最眞實的愛，我們實際上是與我們一己的自性墜入愛河。我們與自己的小我無法保管的東西墜入愛河。當我們不再想要當一個分離的人，我們將會取回自己的眞實本性，眞正擁有我們的自性，好讓我們能看著佛陀——或任何神聖的人物或我們自己的師父——然後當下完全了知：「這就是我，我們是相同的。」唯有當我們眞的將那份豐盛完全拿回來給自己，並視之爲我們一己的自性時，我們才能做到這一點。

那麼，就有滿滿的愛與感激，那也是我對我的老師所擁有的感受，它比較像是：「謝謝你保管我的投射。謝謝你在我忙著假裝沒開悟時保管我的開悟。謝謝你沒有對它產生執著或宣示所有權，而是將它歸還。對此，有太多的愛與感激，謝謝你將它顯示予我。」

禪有句話說：「當了悟是深刻的，你的整個存在會翩然起舞。」你可以擁有一種空性的經驗，但它可能是空虛的空，一種形容它的說法是「冷的空」。但它若是眞實的空，你的存在將會翩然起舞，它甚至會直接穿透你的肉體，每一樣東西都將重新活過來。你在跳舞——空性在跳舞。於是我們在那愛、那場舞蹈與那分喜悅裡進入得更深。然後，它會安定下來，而它依然是愛、舞蹈與喜悅，只是它深深進入了某種安靜且遍布的狀態，有一種漸行漸深的愛與靜定存在。

覺醒發生之際，心就必須開啓，爲了讓這份了悟能夠完整，它必須經過三個層次——腦、心、腹（head, heart and gut）——因爲你可能擁有一個非常清楚、開悟的頭腦，那是你能夠深深了知的，而你的存在卻沒有跳舞。然後，當心和頭腦一樣開始開啓的時候，你的存在會開始跳舞，那時候，一切將變得生氣煥發。而當你的腹部也開啓了，一種深深的、深深的、不可思量的安定會出現，讓那敞開，也就是你，消逝在其中化為透明。它已變成了那絕對的。你就是「那個」。

有一種說法是「實空」（solid emptiness）。對頭腦而言，空不是那麼地堅實，它非常像是空間，輕飄飄的，那是在頭腦層次的開悟。心的層次的開悟是一種生氣勃勃的現象，一種全部的我皆在舞蹈中的感覺。腹部層次的開悟是一種與頭腦層次相似的開悟，但是它如同一座山，一座透明之山。這些全都是眞理在人類身上的表達。

學生：那是我聽過最美妙的事了。對於一些繞過了愛，而且似乎不從愛運作的靈性團體，我曾感到費解。他們沒有那樣的中心，而且似乎十分枯燥。我總是納悶，沒有它怎麼可能會有覺醒。

阿迪亞：如同我的老師經常說的：「靈性非常容易流於空談。」可能會有頭腦上某種程度的開悟，某種程度的全然清楚——一種形同空間或廣闊無邊的覺醒——那可以不斷持續下去。但是即便如此，還是有可能會有、也經常會有一些極微妙的個體之**我**的形相在保護著自己。一來到頭部以下的層次，自我保護遂變成許多人的嚴重問題。改變我的頭腦或根本沒有頭腦或成為空無是一回事，但是當事情開始進入了心的層次，就眞的快要到家了。那裡的敞開屬於另一種私密性順序，因此我想有些靈性團體很可能錯過它，因爲有些人可以在頭腦非常開悟，但其他地方則不然。

學生：那也正是我被你吸引的原因。和一些靈性老師學習，可能會有許多體驗，會做許多進入特殊境界或**三摩地**（samadhi，譯注：梵文音譯，或稱三昧，禪定之意）的練習，而在你這裡多出來的，是完全體現於此的存在性，那不是很多老師會做的事。那就是愛進入之處。如果你的靈性生活只是關於進入特殊境界，你便沒有一個活生生的存在，也不認爲自己需要它。你被概念矇騙了，以爲一切只是如此或已經足夠。

阿迪亞：當覺醒漸次而下，你來到了你一己存在中即將被識破的一個完全不同的區域。當你來到了頸部以下，你是眞的下海實際做了，你懂我的意思嗎！那就像是要戴上手套幹活的心的階段，一個人必須觀入非常深層的情感層次，才能眞正抵達那個境地。如果我們動彈不得了，如你所言，那個靈性境界其實可能會被用來保護我們，避免我們死得更徹底。因此，高深的靈性境界是最有效的隱匿處之一，因爲它們可以看似如此至福、如此完全。你在那裡會擁有那些不可思議的體驗，但是當你下班回家後依然會踢你的狗。

不同的靈性傳統似乎體現著了悟的不同面向。禪所體現的是腹部的層次，那是它的目標。

禪，是深深墜入那所謂的「大死」裡，因爲它是一切事物的全然放下，甚至包括對心的執著。我們可能也會以同樣的方式執著於智性的開悟，或者執著於心的開悟，那就是爲何你在禪裡總是聽見那麼多的空。這是一座空無的山嶺，而事實上，空無就是整個存在構成的本質。

15

CONTROL
控制

若你能放下無論多麼小的控制與你每一個想要控制的衝動，那些小至無限細微、想在任何一處控制任何事情的強烈衝動，包括此刻可能發生在你身上的任何事，那麼情況會如何呢？試想一種你可以完全、絕對地在每一個層次上放棄控制的情況。如果你能絕對地放棄控制，完完全全、徹徹底底，那麼你將會是個獲得靈性自由的存在。

許多人曾說，當你挖掘到人類的情緒僞裝裡最深的層面時，會發現讓人類保持分離的最主要情緒就是恐懼。我尚未發現這種說法的眞實性，但我發現的是，讓人類將自己體驗爲分離之我的關鍵問題，是想要控制的欲望和意志。當你認爲自己沒有控制權的時候，恐懼隨之生起。或者，當你領悟到你沒有控制權，但又尚未放棄控制欲的時候，你會開始害怕。

我在談論控制的時候，我談論的是每一件事。最明顯的控制發生在人們想要控制彼此的時候。如果你回想今天進行過的任何一場對話，你很可能會在其中發現一些企圖控制的元素。你試圖控制他人的頭腦，好讓他們能了解你、贊同你、聽你的話，或者喜歡你。不是所有的對話或人皆是如此，但或許有相當多的情況是如此。

我談論的控制範圍，從最明顯的控制與權力形式一直到最細微的控制形式無所不包。在這些情況下，我們所做的是試圖改變自己當下的體驗。人們最常問我的問題是類似這樣：「阿迪亞，我好像出現了某種靈性覺醒，至少我認爲是這樣，它雖然發生了，但是我覺得它還不完整，我覺得我還沒有完全自由。我可能已經對自己是什麼、自己是誰覺醒過來，那非常地美好而且深刻，但是阿迪亞，這件事有些東西還沒完成。」然後接著就是說：「我該怎麼做？」在那麼多描述這種困境的例子裡，我從未見過任何一個人不是在處理「控制」這一主要問題，沒有一個不是如此。因爲除非完全從控制欲望裡解脫，否則每一個人都必須處理控制的習性。

簡而言之，那些對一己的眞實本性已有深刻靈性覺醒的人，和那些實際上已解脫和自由的人之間的差別，就是這件很簡單的事：那些已經解脫和自由的人，已經完全地、徹底地放下了控制。這是眞的，因爲如果你放下控制，那麼你不得不解脫和自由。那就像從一棟大樓上往下跳，你不得不往下墜落，地心引力一定會把你拉往那個方向。如果你徹底放下控制，結果就是完全的了悟自性。

控制欲望的最基本形式，感覺就像是你腹部裡有一隻緊抓著的手。你在一路嘗試各種控制經驗的方法之後，你會發現的，就是這個最基本的緊握的拳頭。當你接近這個緊握的拳頭，你會發現它有一個保護者，我們那基本控制感的保護者就是暴怒。通常，和任何你願意承認自己內在擁有的感覺比較起來，暴怒的毀滅性要大得多。它是控制感的終極保護者，因爲若你曾接近某個暴怒的人，除非你是個笨蛋，否則一定會離他們遠遠的。你可能會受到許多其他特質所吸引：例如擁有受害者心態或憂鬱經驗的人，或身爲加害者或有其他模式的人。人們可能會受到吸引，對各種情緒模式陷入一種執著或糾纏狀態，但只有極爲少數的人，在自己像飛蛾撲火般受到暴怒之火吸引時會眞的感到舒服，或發現它有任何價值。就這個意義而言，暴怒是個非常優秀的保護者，非常有效率地做著它的工作。

有許多人從未接觸過自己的暴怒，因爲在它上面的正是恐懼。恐懼通常很管用，多數深深害怕的人會逃走，但是有很少數經歷一己恐懼的人，在走出它之後會發現它底下有某種似乎極具毀滅性的東西。如果你繼續經歷那場風暴，你會發現一種存在的緊緊抓住，通常它就在腹部的最核心之處，即使是非常深刻的靈性覺醒，也無法根除它，它依舊得以殘存。恐懼不一定能殘存，暴怒也不一定能殘存，通常它們不會殘存，但是那種緊緊抓住有時候的確能以最基本的形式殘存下來。

因此我才建議你想像，試想自己內在毫無任何控制活動、任何控制欲望、任何控制念頭——

無論在最明顯的層次或自身經驗的最深層——會是什麼樣子。試想你系統中的控制欲望徹底不存在是什麼樣子。

控制的欲望，終究是我們不想完全醒來的意願。戴邁樂（Anthony DeMello，譯注：1931~1987，印度籍耶穌會會士與神祕家）曾說過一個精彩的故事，他是個已獲得靈性覺醒的耶穌會會士，經常演講、著述，已於一九八〇年代過世。他說的故事是：有位母親在敲他兒子房間的門，她說：「強尼，你該醒了，上課時間到了。」

強尼說：「我不想醒來。」

母親說：「強尼，你一定要醒來！」

強尼：「我已經醒了！」

「強尼，你必須起床，下床，然後去學校！」

「我不想下床！」

這段對話是否聽起來很耳熟？「我不想去學校，我討厭學校，我爲什麼要去學校？」她回答他：「我給你三個理由，告訴你爲什麼要去學校。第一，因爲現在是該去學校的時間。第二，有一整個學校的學生都必須依賴你。第三：因爲你已經四十歲了，而且還是學校校長。」

這種情況和許多曾擁有深刻覺醒的人十分類似。那好比鬧鐘已經關掉，你已經不再做夢，已經停止不斷塑造出虛幻自我，而且知道自己在究竟上是純粹的靈性，你已經體驗過它。你就像那位校長，上課時間到了還賴在床上不肯下床。你醒了，但是你尚未完全同意要保持清醒，你尚未放棄你的控制。你想要賴在床上，但是有那麼多事在呼喚你出門。生命在喚你出門，而你所擁有的最後一丁點控制在嚷嚷：「不要，外面太可怕了，我不知道自己是不是想跨出那道門。外面是嶄新的生活，是一種截然不同的存在方式。我已經醒了，但是我不確定是否眞的想要完全醒來。我想我可以醒著，但是繼續留在床上。」

有趣的是，當人們眞的來到一己靈性進化的這個特定階段，當他們已獲得某種深刻的覺醒，而眞的必須處理控制這個根本問題時，他們經常會問：「你覺得我應該去一個類似僧院的地方嗎？我希望我可以永遠閉關下去，你覺得這個主意好嗎？」我總是說不好。那就像那位校長在說：「往後的二十年，就只是在床上坐著，難道不是一種最好的作法嗎？」這麼做能解決你的問題嗎？絕對不行！你必須起床、踏出門，而你必須放下控制才能辦到。

這是一個非常深奧、非常深層的行動，它眞的是你內在自我最核心之處的突變。它不必然會是一種啓發、一種靈性成就或了悟，但它是我們存在方式的根本突變——擺脫控制意志過生活。當你來到控制的核心，最有可能發生的是，你會覺得自己快要死去。多數人的確會如此，因爲就某種意義而言，你是在死去。擁有一個突然無關控制的人生，就是一種死亡，甚至在最根本的層次上即是如此。對我們多數人而言，大約一歲的時候，我們的整個人生就開始變成了控制的人生。你甚至可以看見兩歲的孩子試圖控制母親，使喚、操控爹地和媽咪。

這種控制的強烈衝動、這種「我若能控制就能活下來」的生物性認知，在幼年時已經開始了。

這著實是個根本上的蛻變。那就是我爲何說，我們可能對眞理擁有非常深層、深刻的了悟，而到最後，最終的眞正自由並不見得是來自了悟，而是來自我們一己存在最深處的深深臣服。當然，多數人必須對自己的眞實本性擁有深刻的了悟，才能自然地、自發地臣服，但是它將透過不假思索地、不做預測地放開控制而徹底完成。當然，人們針對這一點對我提出的問題是：「那麼現在，我要如何辦到？」而我只能說，這個問題本身就是你的控制。控制試圖在做它的工作。「如何」的問題總是和控制有關，雖然有時候知道如何做有其實用功能，但在究竟上它就是一種控制。沒有如何的問題，只要放下就好。

學生：你所謂的「不做預測」是什麼意思？

阿迪亞：我的意思是，在最後放棄控制、放棄控制的意志時，每一件事都是無法預測的。那是我們最不願面對的一件事，因爲每一件事完全是不可預測的。換句話說，每一件事完全是個未知數。

學生：所以，不做預測地放下控制，會在我們處於未知之際發生——那個點就是敞開的展現，對嗎？

阿迪亞：你可以來到那裡，但仍未放下。如果我們眞的在某種程度上安歇在我們的眞實本性裡，控制的明顯形式並不會產生作用。如果它們產生作用了，那表示我們不是安歇在我們的眞實本性裡，我們距離它還很遙遠。如果我們很明顯地試圖控制自己和他人，那麼我們是完全回到做夢裡了。但是，即使我們已深深地安歇，根據我對人的經驗，這種控制的存在的緊抓還是可能，甚至很有可能仍在那裡。雖然它一時可能沒有被注意到，但它的潛能仍在。

學生：它伴隨著恐懼。

阿迪亞：那是對死亡的恐懼，是的。因爲放下是透過體驗我們那個分離的自我的死亡而達成，那是一種非常深層、非常深刻的死亡，非常之深。當然，那完全是一種幻相的死亡。

學生：當我們死亡時，放下會發生嗎？

阿迪亞：不會，完全不會。你可以出現肉體的死亡，而依然在往後的二十萬世裡保有一個控制欲。

學生：所以放下存在的緊抓是個身體上的事件嗎？

阿迪亞：存在的緊抓會在身體上被感覺到，但它比身體層次深刻許多，舉例來說，想像你有一個絕對具有說服力的經驗告訴你，在你身體死亡之際，你還能夠以你目前想到自己時的樣子完全存活下來。這不是信念、不是希望、不是信心——你就是百分之百知道。如果是這樣，你還會那麼害怕自己的身體消亡嗎？

學生：不會。

阿迪亞：我想大多數人並非眞的害怕他們的肉體死亡，如果他們堅信**他們**不會死，則根本不會在乎他們垂死的身體。他們對死亡感到害怕的不是「我的身體死了，」而是「我死了。」

學生：就是我所知的自己的那個小我。

阿迪亞：是的，「我」死了。如果我認爲我不會死，我才不在乎我的身體死去。然而事實上，害怕死亡的那個正是執著不放的那個。我所知的自己的那個我，我的性格，已經完蛋了。它消失了。不過那完全是幻相的死亡，因爲那個我只不過是熟悉的思想的集合體。但是如果我與它認同，它感覺起來就一點也不虛幻，不是嗎？

學生：那麼，隨著時間過去，放下會發生嗎？

阿迪亞：它會發生在時間耗盡的時候。它是可能隨著時間過去而發生。它的發生可能會非常突然，也可能非常漸進。只有一條規則：關於一個人（的放下過程）會如何放開，沒有任何規則可循。

學生：我們是不是該停止發問？

阿迪亞：不用，那也沒有用。那太過於控制了。

學生：但是一開始問問題，就是試圖控制些什麼。

阿迪亞：沒錯，但是如果你阻止自己問問題，你也是在試圖控制些什麼。人所能爲自己做的事情當中，最好的就是永遠絕對地、完全地、徹底地由內心的誠實出發，完全保有內在的完整與誠實。如果有個非常重要的問題、深刻的問題，而且對你十分眞切，那麼就問吧。你懂我的意思嗎？保有你內在擁有的那份誠實，比賣掉它來換得一個概念更重要。那份誠實的保有就是帶領人們完全進入眞相的要素。不是很多人會這麼做，他們都以外來的概念來評估自己內在的東西。如果你把我今晚所說的話解讀爲所有問題都是控制的形式（雖然那是眞的），然後你因此而不再發問，那會是一件很糟糕的事，因爲如此一來你也只是從另一個相反方向在控制。

學生：發問的部分，終究會結束嗎？

阿迪亞：是的，那就是整個重點所在。當發問者結束，發問的部分就會結束，發問者所問的每一件事，都是一種抓得更緊的手段。

學生：用來捍衛自己？

阿迪亞：沒錯。即使在這個緊緊抓住要求鬆開、臣服的時候，它依然試圖控制。它在說：「我現在想要臣服。」因此，一個人最深的眞誠是最重要的。我的老師以前常說一句非常簡單卻又有深刻意涵的話：「只有騙子不會開悟。」

學生：你是說他們不想知道眞相？

阿迪亞：我不知道他們是不是想知道眞相，我只知道多數人會發現，要長時間持續對自己保有眞正的眞誠，是件非常困難的事。他們會因爲各式各樣的理由、想法和觀念而放棄。他們可以同時遵循四百本著作的教導，卻又想盡辦法逃避內在眞正發生的事。只要他們向內看，從自己最深處的眞誠出發，一切將豁然打開。他們可能會有一大堆問題要問，也可能突然沒有問題，都無所謂。他們從心出發，而且不曾爲了任何事或任何人而犧牲這一點，那就是一切的力量泉源。

如果你回顧歷史上被人們視爲靈性覺醒典範的人，你總是可以在他們的最核心發現一件事：他們永遠是那些對自己保有絕對的、無情的誠實與眞誠的人。這對一個人而言是十分嚴峻的工作，因爲我們通常會遇見自己的不安全感、恐懼，以及懷疑。

學生：那是否表示這在日常生活中很難辦到？

阿迪亞：不是，它很嚴峻，但是日常生活眞的不是個障礙。幾千年來，人們會前往寺廟、僧院和道場，如果仔細看看那些這麼做的人，當中有多少人眞正開悟了？成功率爛透了。即使是今天，你也可以問一個人：「你在日本或中國或西藏或印度的道場住了多久？」「我在那裡住了十五年。」嗯，如果我們談的是靈性，而不只是宗教，你知道最後那個最重要的問題是什麼：「那麼你明白了嗎？你去那裡的目的達到了嗎？我記得十五年前你說過你想要開悟，所以才去了那裡。這件事發生了嗎？」

那是最重要的，不是嗎？當你清除了其他一切東西，你不是開悟，就是沒開悟，而當你詢問大多數人他們是否開悟，答案都是「沒有」。我的意思不是去僧院沒有用，那對有些人的確有用，因爲顯然是如此。我的意思是，就在那個我們剛好在的地方，無論那是何處、無論我們正在做什麼，當我們開始放下控制的意志，我們會領悟到，沒有其他更好的地方可去了，我們的藉口耗盡了。

在你的生命中，是否曾在任何事情上有藉口耗盡的經驗？當你的藉口用完了，你發現自己突然被逼入絕境。在那一刻，你可以感覺到自己內在需要一種根本上的改變。那就是爲何每個人的生命事實上——如其所是地，如果他們不再尋求逃避的話——其實都是一己靈性開展的完美途徑。你是否在帕羅奧圖市的ＩＢＭ上班，或在其他地方的寺院當個僧人，都無所謂。無論你身在何處、遭逢什麼樣的處境，你依然有同樣那一個基本問題。你在做什麼無關緊要，要緊的是你是什麼。

學生：所以，你說重要的是我是誰，那麼當那個「我」結束，你領悟到你所知的那個「我」並非眞的恆久不變時，會發生什麼事？

阿迪亞：你會自己發現的。我是說，你遇見這個不可思議的美妙矛盾：根本沒有「我」，但是「我」卻又遍在，這兩者同時爲眞。這眞是一件你所能碰上最有趣的事情了。沒有一個「我」，而唯一存在的東西就是一個從萬物綻放光芒的一個大大的「我」。不過那仍只是空談，永遠不要滿足於別人的眞理，這也是眞誠的一部分。你會想要從你自己的內在來認識它，因爲那是你唯一能夠認識自己的方式。要獨立去發現你是什麼。

這裡有一個奧祕，它甚至存在於體驗的層面上：即使是在一開始你也可能會嘗到，在那奧祕當中，有一種未分離的自我在那裡的直覺性體驗。你找不到你是誰，但是你顯然在此，有一種「無」的感知存在。你事實上可以在一開始就事先品嘗到這滋味，那可能是坐在蒲團上打坐二十年的人都不曾嘗過的。他們可能會錯過如此簡單的東西。這個滋味已經和每個人同在了，那就是它的不可思議之處，它不是一個遠在天邊的東西。

16

LETTING GO
放下

快樂有一個非常簡單的祕密，只要放下你對此刻的要求。每一次你對這一刻有所要求，要它給予你什麼或排除什麼，就會有痛苦。你的要求將你牢牢捆綁在受到制約的頭腦做夢狀態裡。問題在於，每當有要求，你就會完全錯過了當下。

放下，適用於最高的神聖要求，甚至是對於愛的要求。如果以某種微妙的方式要求被愛，即使你被愛了，它也是永遠不夠的。下一分鐘，這份要求將再度提出它的主張，然後你又再度需要被愛。但是你一旦放下，在那一瞬間，你知道愛已經在此了。頭腦害怕放下它的要求，因爲頭腦認爲，如果放下，就無法獲得自己想要的東西——好像要求就管用似的。這可不是事情運作的方式。停止追逐平靜、停止追逐愛，那麼你的心靈便得以充滿。停止努力變成一個更好的人，那麼你就是一個更好的人。停止努力寬恕，那麼寬恕會發生。停止，就會來到靜定。

頓悟就只是在當下這一刻丟下對你自己和他人的一切要求，它所需的就只是把它丟下一秒鐘。如果你能一直這麼做，事情會非常容易了。但是若你有了一個超越性的片刻，然後又開始要求自己和這世界，那麼你會再度迷惑，因爲一己存在的眞實本性將會被遮蔽。那就好比你開始追逐自己口袋裡的珠寶，然後堅持自己是個乞丐。當你停止堅持，將手伸進口袋內，你便會了解到**當下**就是如此充滿、豐富的，而這份豐富不是由任何東西所造成的結果。

自性的美就在於它無關乎獲得任何東西，無關乎被視爲地位崇高，或者被看見、受到注意，它是做爲那你之所是的本然的美，那份內在的神聖祝福。要想深刻體驗它，只要讓它沉澱下來，不是以答案，而是以問題的形式。

「是否可能這個備受祝福的就是眞正的我？我是否可能一直以來都錯了，因爲我將自己定義爲有價值或沒價值，或某個在我生命裡扮演的社會角色？我是否搞錯了，而忽略了那同樣隱藏在每一個眾生的本性之中的那份神聖祝福？」

這份神聖的祝福似乎是隱藏的，因爲它無法被碰觸到，但是它根本上不是隱藏的。它之所以受到忽略，是因爲我們只看到了頭腦結構，卻錯過了讓那結構得以成形的東西。我們相信的信念、不相信的信念、情緒等結構——所有這些內在與外在結構不斷來來去去，唯有那清醒的空間留下。你內在的空間，比結構多出太多了。

眞正的你是唯一一件你無法獲取的事，那就是它的美好之處。你可以獲取任何事情，除了神以外。你無法獲取神。你所能做的一切，就是停止說謊，然後明白你就是神。這在過去一直被戲劇化地描述爲小我之死，這賦予了它豐富的戲劇性，以致於使它顯得有些可笑。小我單純地只是那個總是試圖獲取某個東西的頭腦活動——獲取愛或神、金錢或新玩具等。它總是想著有什麼東西能讓它快樂。

小我唯一不能獲取的東西就是你所是的眞實本性。它可以獲取千百萬種靈性體驗，但是它無法獲取眞正的你。當下這一刻的本質無法被獲取，因爲它是唯一一件正在發生的事，正因如此，看見這一點即稱爲了悟。你了悟了那永遠所是的、過去所是的，以及將來所是的。任何一個曾瞥見過覺醒的人，都會發現這有多麼令人震驚，因爲你終於領悟到，你一直擁有那個自己一輩子努力想要獲取的東西。

這就像街上的遊民在口袋裡發現了珠寶，或許他一直沒時間把手伸進口袋，因爲他總是把手伸進別人的口袋。當我們把自己的頭腦或手伸進上師的口袋時，也是在靈性上做同樣的事。我們注意到他口袋裡的鑽石，而喜歡跟它在一起。這不會有用的，除非你聽見那個指示，說：「也看看你自己的口袋吧！朝你自己的內在看，看看是否能看見那一模一樣的鑽石。」

你必須做好準備。要結束這個將手伸進別人口袋的遊戲，必須做好準備，否則，你現在可能會直接看著你一己存在裡的那一部分，然後說：「噢，那太好了，」然後又回頭尋找別人的鑽石。我見過許多在某種程度上已了悟自己眞正是誰的人，但是他們卻尚未準備好要停止。

你必須願意停止扮演自己熟悉的角色。無論你追逐的是愛、是金錢，或是開悟，那都將變成你的身分、變成你在這世上認識自己是誰的方式。如果你尚未準備好要將它們放下，即使你發現了最珍貴的珠寶，你也會爲了那些舊有的熟悉感覺而犧牲那個珍寶。

有多少人已停留在一個糟糕的關係裡太久了？明明知道它行不通，卻害怕離開之後不知道自己是誰？生活中處處可見這種現象，人們總有類似這樣的想法：「我會繼續做這份工作——我恨死它了，但我會繼續做。」或者：「我就是個持續追求某種東西的人，如果我不做那件事，那要做什麼事？」這是人類用來逃避踏入眞實自己的一種相當普遍的遊戲。你是那自己永遠無法理解的不可思議奧祕，有意識地做爲這份奧祕，就是最大的喜悅。

準備好踏出那個「成爲什麼」的輪子，和了悟自己是誰、是什麼一樣重要。你將成爲快樂的、解脫的，而你的遊戲會消失。你會有一段時間不知道如何與別人交談、或要做些什麼，你的生命可能因而變得陌生，這是一種充滿奧祕的存在方式。我的老師總是說，當你眞正了悟自己是什麼，你就像是一個佛寶寶，你不可能一蹦出子宮就知道該如何是好，因爲你過去一直忙著當其他人。那就好比踏出你搖搖晃晃的第一步，而你必須願意搖搖晃晃並帶著一些不安全感，因爲如果你不願意帶著一些不安全感，就會回到你那總是自我保護與苦苦追尋的舊有模式裡。

做爲「如是」的愛人是一件十分奇怪的事，做爲一些東西的愛人是我們所熟悉的，但其他東西則不然。當你擁有這種愛上如是實相的全新經驗，它也是如此奇怪地令人感到熟悉，那種感覺是：仿佛知道事情一向如此，它似乎非常古老，而又仿若新生。

很久以前，我們有僧院——一種受到社會認可、讓佛寶寶能夠站穩腳步的機構。那是受保護的地方，裡面有人了解發生了什麼事。今天，有許多人正在覺醒，人數比我們能將他們丟進僧院的數量還要多。情況越來越失控，而失控的部分原因是缺乏那種關係緊密且受保護的神聖團體來支持這些新人，來告訴你別擔心，因爲遲早一切終將撥雲見日。在我們的社會裡，這些新生的神聖存在覺醒之後，鬧鐘隨即在七點鐘響起，該去上班了，這的確有些令人不知所措。然而這就是目前的情況，那就是我們必須面對的。因此，重要的是願意讓事情如其所是地存在，當你急著要去把事情搞清楚，反而會更快地讓那份了悟再次潛藏了。

能夠體驗對一己本性的了悟，接著還能夠越來越深入這份體驗，是一件力量非常大的事。這份了悟如何在這時空世界中運作，有其自然的成熟過程，但是它不會一次全部展現出來。我們需要的是對這成熟過程的完全信任，一如我們信任寶寶終會長成孩童，孩童終會長成青少年，然後青少年終會變爲成年人。

17
COMPASSION
慈悲

受苦有兩種，第一種是自然的痛苦，那是挨餓、身體受威脅，或是出於例如失去摯愛之人時心理痛苦的自然狀態。這些是無可避免的受苦，要談論這個層次的慈悲很容易。如果有人挨餓，他們需要食物；如果他們心理受苦，有時他們需要的是讓那份苦自行解開的空間，為一個人提供那樣的空間也可以是一種非常深刻的慈悲行為，無論是由一人給予另一人，或是給予自己。我稱這種基本的受苦層次為痛苦（pain），它們能以實用性的做法來因應。麥斯特．艾克哈特（Meister Eckhart，譯注：十三世紀的德國聖哲）對此有個很棒的說法：如果你處於狂喜的冥想狀態，而你的鄰居在挨餓、需要一碗湯，那麼神會更樂意給你的朋友一碗湯，而不是讓你停留在狂喜中。

這些非常簡單的慈悲動作，本身就是充滿喜悅的。當我們尚未對自己的真實本性覺醒過來時，我們可能也會出於某些慈悲的概念而做這些事，但是我們若眞的接觸到自己的眞實本性，我們會發現，它會在滿足這些需要幫助的時刻找到喜悅。當自性的無私本質覺醒過來，我們會發現這個本質不會企圖逃避，就這麼簡單。

現在談談第二種受苦——另外百分之九十五到九十九的情況——就是由內在的分裂狀態所造成的心理之苦。這種受苦形式之所以發生，是因爲一個人不認識自己的眞實本性。完全了知一己眞實本性的標誌就是不分裂。這意思不是說一旦開悟，你就永遠不會體驗到饑餓，或是你不會在至親過世時感到悲傷。你還是可能經歷不愉快的心理狀態，但是你不會感覺到的是讓原本的悲傷加劇的內在分裂。那是另一層的受苦，添加在無可避免的痛苦之上。

眞實自性無法被分裂，但是想像的自我可以輕易地分裂。多數的受苦形式就是從這分裂的自我生起的，而那只存在於你的頭腦裡。由於它只存在於你的頭腦裡，而你相信它，它便會傳送信號給身體的其他部位，於是其他部位就有了情緒化的、受創的、分裂的體驗。在佛教裡，你會聽見受苦之輪這種說法，稱爲**輪迴**（Samsara，譯注：梵文字義爲持續的活動，佛教裡指生死的重複輪轉、循環。Samsara 有時也用來指這個娑婆世界），那種苦就是來自這種內在的分火裂、這種錯誤的自我感。它生起的時候，是循環性、機械性、非特定某人的，無論你喜歡與否，它都會發生。它與這個世界相連，因爲這世界大部分是在這輪迴之輪上運作的。輪迴完全是制約的機械化開展過程。一個人受到觸發之後，又觸發了另外五個人，其中每個人又分別觸發了另外五人，依此持續向外拓展，如同輪輻一般，最後將有許多人受影響。跳脫輪迴的輪轉意味著覺醒過來，認知到在輪子上的其實只是誤解——亦即認爲我就是擁有這些感覺與問題的存在。在我們的文化裡，我們稱它爲輪迴，因爲它其實不是眞的，它只存在於你兩個耳朵之間的腦袋裡。我們使輪迴之苦變得崇高，單是想像眞正的你並非一個有待解決的問題，已幾乎是一種褻瀆。人們並不鼓勵我們眞正跳出這個受苦之輪，從這個「我」的催眠狀態裡醒來。

想像你前去拜訪火星人的國度，你看見每個火星人的頭腦裡都有一個個體化的自我感，都有自己的一套關於「我」的故事。然而你可以很清楚地看見，那些故事沒有一個是眞的，你看見他們其實可以刪除整個故事——巨細靡遺的每一件事——而他們依然安好如故，因爲活出那生命的其實是覺知之光，那些故事徒然遮蔽了那道光，讓它變得支離破碎。每一個生命存在都是覺知之光，但每個人卻相信他們的故事才是眞正的他們，這簡直是瘋了。不過，當然，人們認爲耽溺在他們的故事裡是正常的，因爲有個集體的共識說這是正常的。小我的瘋狂被視爲正常了。

你不是任何一個你所相信的、關於你自己的故事。眞正的你其實是那些故事的不在，那就是佛陀何以說「無我」的緣故。以現代口語來說，他可能會在覺醒之後說：「沒有關於我的故事。」你那一個分離的、孤立的自我，就是一切掙扎的來源。你必須掙扎，因爲你所關注的是一個形象與信念的聚合物，你在掙扎著維持那種分離的自我感，甚至當你掙扎著擺脫那個自我分離感時，也在這麼做。當你停止掙扎，你會了解到根本沒有分離的個別自我，事實上沒有一個自我在那裡。因此，這個自我感其實不是個名詞，而是個稱爲「掙扎」的動詞。每當你掙扎，你就受苦。

爲何人要掙扎？如果沒有任何好處，你不會這麼做。了解這一點很重要，因爲靈性人士經常會想知道：「爲什麼我就是無法放下它？」你緊抓不放是因爲你從中感受到一些利益——你能擁有做爲「我」的經驗。這不是件百分之百的壞事，而且你可以從中獲得一些滿足感。對那受限於時間的自我感而言，這能讓你獲得一些短暫的美妙經驗。分離的自我將許多經驗視爲非常正面的，例如，你去鄰居家玩金羅美牌戲時打敗了所有人，於是離開時心情變得大好。或者，你在股市有所斬獲，一整年都覺得自己很富有，快要飛到雲端上了，然後隔年，一切又化爲烏有。或者，你去找你的治療師或靈修老師，然後開始認爲自己進步很多，於是自我感覺又更良好了。然而，這些全是錯誤的快樂，不是眞正的快樂。錯誤的快樂是一種催眠，一種自我的欺騙。

自由，當然也就是開悟，完全意味著在「如是」之中死去。它就是這麼簡單。開悟不過就是對如是的抗拒全然消失了，故事結束了。除了徹底結束一切的抗拒與掙扎，自由還能夠如何呢？但是要放棄對如是的掙扎，就不能對任何的自我形象、觀點、概念或身分有絲毫的執著。這點相當重要，因爲靈修者經常想要放棄自己的身分認同感，但仍保有他們的觀點與看待世界的方式。但是它們不能將這些拉進開悟裡，因爲開悟沒有觀點，它沒有任何既定計畫，它對世界或自己或他人不會有那麼多的要求。它沒有「中心」，它單純地愛。

想像的我有一個中心，它覺得每一件事都是發生在**我**身上。「我是這一齣宇宙大戲裡的中心情節。」想像的我在它存在的每一秒鐘都在扮演那個最耀眼的明星角色，甚至做夢時也一樣。那就是我所謂「中心」的意思，每一件事都與它有關，它認爲一切發生的事都是關乎它個人的。

然而眞相是，沒有中心，萬事萬物就只是發生。覺知裡有許多個點跑來跑去，但是沒有中心。每個個別的身體裡可能會有一個焦點，但是那有別於認爲該焦點就是一切的中心。記得過去科學認爲地球是宇宙的中心、萬物圍繞著它旋轉嗎？我們也是以同樣的方式認爲所有的生命都繞著自己旋轉。

想一下你所謂的慈悲概念是不是就是加入某人正在發生的那些虛構故事？你會這樣覺得：「我必須支持你的虛構故事，這樣你才會支持我的，那麼我們才會感到相濡以沫，才會覺得更加親密。」但是，我所談論的慈悲層次指的是別的東西，這種慈悲意味著對眞理的虔誠，而這種慈悲的第一個活動必須針對自己。這個世界有很多想要對每一個人慈悲、想要拯救世界的人，但是卻不想讓它進入自己的內在，因爲那會消除那個中心。消除那個中心是究竟的慈悲行為，如此便只有自由存在——覺性的自由、以一個人本已所是的，也就是靈性的樣子而活著，而非以一個故事的活人化身而活著。因此，對眞理的虔誠變成了一種慈悲的舉動，你不光是為自己做這件事，也是為他人而做，而且我們會開始看見，我們為自己而做時，也將自動為他人而做。

當你從你的故事裡醒來，猜猜你會領悟到什麼關於其他人的事？他們不是他們的故事。他們也是靈性，而那靈性生命完全不需要依賴他們的故事和你對他們的故事。因此，你不只是失去你的中心，你也失去了他們的中心，也就是你過去將他們局限在裡面的盒子。你看見他們和你是一樣的，因此才會有人說：開悟從不是件個人的事。你無法在了解到自己是開悟的同時，依然相信其他人不是開悟的；你看見自己眞實本性的同時，不可能不看見萬事萬物的眞實本性。那確實是不可能的。這就是一個極大的慈悲行為，愛的行為。

沒有什麼能像一個愛的行為那樣，讓臣服發生。慈悲能自然地帶來臣服，但只要我們依然是為了獲得什麼而臣服，那就不是臣服。靈修者的熱情所在就是——臣服一切，但是期待有備受祝福的、完全的開悟做為回報。那好比在說：「我要給你一塊錢，但是你要給我一百萬做為回報。」眞正的臣服比較像是：「請為我解除那一塊錢的負擔，我眞的不想要也不需要它。我想要體驗沒有它的喜悅。」

臣服是放棄一切關於自己的故事，甚至是關於自己有多麼開悟的故事也要放棄。我們看見自己的故事裡沒有任何眞實性，我們也無法以任何方式修改它，讓它變成眞實的。我們無法將虛構的故事變爲眞實，我們可以讓它變得更好或更糟，但它依舊是個虛構的故事。清楚看見我們的故事徹頭徹尾是虛構的——這就是覺醒。「我的天啊，它一直是個虛構的故事！」這就是自由。對小我或想像之我而言，看見這一點是很恐怖的，因爲它對虛構故事依然很感興趣。但是對覺知而言，領悟到這整件事純屬虛構就是最大的自由。那麼，我們會開始看見何謂眞實。

當覺知將自己那些關於自己、關於生命或其他人的故事清除乾淨，留下的就是眞相。你無法說出任何關於它是什麼的事，因爲如此一來它又變成概念了。不帶任何故事去看、去感知，並且體驗生命，讓那中心徹底崩塌，事實上是你能爲自己和他人所做的最大慈悲舉動，因爲如此一來你是無我的（self-less）。無我實際上正如其字面意義所示：沒有一個中心、沒有故事，它不是頭腦所保有的無我形象，因爲那只是對自我犧牲的浪漫想法。無我是沒有一個自我而存在。

無中心完全不是頭腦所想像的樣子。領悟到你本即是沒有中心的，就是領悟一種非常深刻而恆久的愛，一種非由製造而來，而是與生俱來的愛。它是一種沒有原因的愛。處於安詳之中卻沒有任何理由，你如其所是地存在著。縱然你沒有理由感覺很好或感到快樂，你仍然處於安詳之中。愛永遠會尋求消解痛苦方法，但不是透過消解那個故事，而是透過消解說故事的那個人，也就是「我」的幻相。

任何時候你一旦進入了當下，當下是無比簡單的，你會失去想要置身他處、成為某人，或到達某處的既定計畫。這裡已完全足夠。你知道你不是個有待解決的問題，你的鄰居或這個世界也不是，而這對人類目前的意識狀態而言相當具有革命性。你能想像你真的讓「自己無論如何不是個待解決的問題」這樣的事實進入你心中的樣子嗎？想像你已明白：一切告訴你並非如此的話語，其實都只是頭腦的思想活動，它在說：「無論現在如何，都不是它該是的樣子。」所以，最大的慈悲行為要從內在開始，當自己不再被視為一個問題看待，這即是「超越人所能理解的平安」。

除非你能真正看到每一個人都是佛，否則你並未以事物如其所是的樣子來看。德蕾莎修女曾經說過，當她在照顧生病和挨餓的人時，她就是在照顧每個人裡面的耶穌。這句話不是什麼靈性上好聽的陳腔濫調，它實際上就是具體的實相。真正的基督存在於每一個生命裡，這和每個人內在都有佛的說法是相同的，而唯一一個能意識到這一點的，就是內在的基督。唯有內在的佛能意識到佛；唯有內在的「一」能意識的「一」。那個小我永遠無法意識到「一」。

每個人都會將他自己的了悟向外發送，一如無線電廣播信號，一天二十四小時不打烊，而且人人可以接收到。當你了悟自己的真實本性本是自由的、它與生俱來便是空無形象的，而且它就是純然的靈性與臨在，你也會看見每一個人皆是如此，然後不假思索地發送此一信號。

而如果你認爲每個人都是分離的，你也會發送出這樣的信號，無論你做什麼皆然。藉著這樣的自由，你開始領悟到沒有內、外之分，因爲全是「一」，而這樣的視野比我要說的任何話更有力量。我保證，一個看見你內在之佛的存在，比遍讀一萬本佛書更有價值。一個眞正了知只有佛、其他什麼事都沒有發生的存在，所能發揮的力量遠大於其他任何東西。慈悲，那不尋求改變任何事的最深感受，很矛盾地改變了每一件事。當你接觸到內在那個不尋求改變任何事的部分，你也接觸到了絕對的無抗拒，而這能改變你對每一件事的認識。當你的制約接觸到內在那未受制約的部分，它將無可逆轉地改變你的制約。那就是神聖的煉金術，那就是慈悲。

學生：執著於身分是否會對每個人造成創傷？

阿迪亞：打開電視或聽聽你的鄰居說話。只要制約仍被認爲是你的眞正身分，它永遠會造成傷害，永遠是一種疾病。並非身分認同感本身具有造成創傷的性質，而是繼發的緊縮現象使它被體驗爲具創傷性的。打開報紙看看，那些就是分離之我的故事，就是它每天在做的事，這純粹是瘋狂。

重要的是要更加進入眞相之中，而非急於擺脫身分認同，你無法在聚焦於你的身分認同之際，同時又想擺脫它。要學習分辨何者是眞相、何者不是眞相。當「我」的感覺生起時，多數人會迅速移向擺脫它或縱容它的其中一種，導致無法看見眞相是什麼。

學生：對你而言，眞相是什麼感覺？

阿迪亞：眞相對我而言是最有趣的，那是唯一一件有趣的事。它永遠清新，而其他的每一件事皆無聊透頂。對我來說，唯一一件發生中的事就是眞相。只有一件事在發生，而它永遠是佛、永遠是「一」。對它感興趣能讓你辨別何者爲眞、何者爲假，那和努力找尋結果是大異其趣的。當你不再試圖努力獲得結果，看見何者爲眞、何者爲假就變成一件非常有趣的事。大腦和心智提供了一組放滿工具的工具箱，讓它非常適合用來完成實用性事務，但是附著在工具箱式的頭腦上的任何思想，都是個沒有眞實性的故事，它沒有任何客觀的現實。每一件發生在耳朵之間那顆腦袋的事，都不是眞相，都只是個故事。若沒有那些故事，你是誰呢？

在分裂的國度裡，永遠有什麼事必須知道；但是在開悟裡，沒有什麼事要知道。開悟事實上是一個「去除知道」（unknowing）的過程。當你去除了頭腦所知的每一件事，留下的唯有眞理。那一種了知甚至是難以言傳的，因爲若這麼做，頭腦會立刻執著於它，將它變成自己的心智知識，而那不過是象徵性的代表而已。眞理永遠不會在象徵性的代表裡找到，因爲那不是眞的東西。我們若能了解這一點，將能省去在頭腦中尋找眞理而浪費掉的許多時間。

18

FIRE OF TRUTH
真理之火

當你深深地聆聽、貼近地感受，並且允許自己體驗此刻如是的確切模樣，你的情緒體和能量體會雙雙軟化下來。現在就花幾分鐘的時間，單純地聆聽並且覺知你的周遭環境。先是辨識出了各種聲音，然後開始覺察房間內外在你周遭的氣味與空間感，讓你的感知不再受到皮膚與骨骼的束縛。給你自己一個機會，對你身體外的聲音環境與空間感敞開。

注意到你越是放鬆，這些聲音與經驗就越能穿透你，沒有防備地流進你。你會感覺到自己漸漸變得柔軟、敞開。邀請你自己進入這份敞開中。你可能會發現，外在世界與你皮膚下所發生之事的界限感，變得非常透明而模糊，或者你也可能會發現，你找不到內與外的分界線了。外在噪音的體驗和身體內部所發生的事，成為相同的品質。一個身體的感覺，和呼嘯而過的車聲或樹上的鳥鳴並非眞的有所不同。身體的感覺不再眞是你的了，你安坐之房間的空間感也一樣。注意，如果你開始對任何經驗宣示擁有權，會開始將世界分裂爲內在與外在、我的與他人的、外面的聲音與我。但是本質上，那些都只是經驗，內或外，都一樣。既是非我的，亦非有別於我的。

靜定的存在會將身體打開，而且如果你允許，它會如海綿般將你浸透。寧靜的了解會發生，它不是以語言文字的形式來臨，而是對如是的直接體驗。允許自己接受這個不尋求其他經驗的偉大禮物吧。對它不加以思量、沒有任何一個思想活動，是什麼在經驗這件事呢？那個能夠經驗的又是什麼呢？

認出是**無**在經驗著這一刻，而即便是那個**無**也是所知與所經驗的。有某個神祕的東西是知曉的，某種正在經驗著這一刻的神祕東西，但你說不出它到底是什麼，因爲你一說出它是什麼，它就已經不是那個了。它更貼近、更直接。一旦你去思考它，便會看見它不是那個思想，它是先於該思想的。毋需任何的形容，所以只要安歇在邊緣上、在那懸崖上、在直接的體驗上，直接去感受，仿佛你不存在卻又知道你是存在的。

對這奧祕只要出現一個念頭，立即造就天堂與地獄的差別。念頭將一體性撕裂爲供頭腦分析的碎片，但是寧靜能夠統一。這一刻的經驗是當下的，卻又無法掌握，是可知的，卻又無法定義。那覺醒的無法被掌握。你可能會白費力氣地試圖定義並掌握它，而非單純地放下它。或許你終究不是你，或許你就是居於此刻經驗之內那覺醒的。請提起意願**是**它，而非去認識它。身體敞開之際，聲音依然會流過寧靜。你內在有什麼東西將自己認知爲寧靜？這是無法定義的，如果你失去方向，請再次聆聽那些聲音，它們將回頭指向那份寧靜，而那份寧靜又會往回指向那個認識寧靜與聲音兩者的。不要迷失在念頭裡，否則你將錯過生命，只要單純地放鬆、放鬆、再放鬆，那是最簡單的信心與信任之舉。

那份在你內在醒來的覺性認識它自己。頭腦不認識它，身體不認識它，情緒也不認識它。這份覺性只認知它自己爲自己。這個眞相是簡單的，是超越一切理解的。它是直接而立即的，先於一切的追尋。它永遠都在，永遠以當下經驗的每一個面向展現它自己。

你永遠有兩個選擇，一個是熟悉的：爲了其他東西而犧牲這奧妙的覺性；另一個選擇是無論你剛好在哪裡，都不犧牲這醒來的、當下的臨在。你可以選擇不要爲了指望下一個更好的時刻、更好的事件或更好的經驗而犧牲它。這是你的選擇——誠實面對那眞實的和不眞實的，這就是「眞理之火」。這個醒來的，就是你、就在你之內，它揭露出其他一切論辯的全然無意義，無論那是什麼。這個醒來的，使一切非眞實之事成爲無意義的。這份寧靜將你對其他一切的執著燃燒殆盡，解放你所是的生命，讓它毋須討價還價地活著。請感受這個醒來的所提出的由衷邀請，它邀請你放下其他一切。這份邀請請你停止和生命、和此刻、和你自己、你的老師、你的朋友以及你的伴侶討價還價。就此停止吧！這道眞理之火是不可見的、也是未知的，但是它能燃盡本身之外的一切。當下處於存在的整個經驗中心的這份覺性，正是它！

每個人都可以選擇要將自己的人生付諸於什麼。或許這個選擇你過去從不知道，也或許這個選擇從不曾有意識地做出。現在是時候了。對你而言重要的是什麼？你要將靈魂付諸於什麼？我不在乎你做何選擇，神也不在乎你做何選擇，但是你在乎，而你也是那個唯一重要者。

當你睜開眼睛時，你內在那醒來的會聽見聲音、留意到畫面，別讓自己迷失在畫面、聲音與感覺裡。完全對它們敞開自己，但是保持不動，停留在寧靜與覺性當中。這個一刻接著一刻的選擇，就是眞理之火。它不會留下任何裝腔做勢的虛假結果，它留下的是某種難以言傳、比喜悅或安詳或興奮更令人心滿意足的東西。如果你在任何時刻想出賣這醒來的，要對你所出賣的東西保持覺知與警醒，確認這一樁交易是你想要的。或者，你也許會藉由某種恩典和幸運，進而領悟到你內心再也不想出賣這醒來的，即使爲了安全感或他人對你的肯定也不行。能夠領悟這一點是眞正的恩典。

這是簡單至極的。片刻之間，你便獲得了一個沒有商量餘地與討價還價的生命。這就是眞理之火所去除的東西：你對如是的商量與討價還價，想要改變任何人或任何事的欲望。你領悟到沒有任何改變能讓你更快樂，甚至是你自己的改變。要想完全接受這份禮物，就必須將它給予每一個地方的每一個人、每一件事物。這醒來的一點都不要任何人改變或改善。這就是那道火、這就是那道火的灰燼。你領悟到：「一分鐘前，我還想要你改變，但現在我不想了。你很好，每個人都很好，每件事都很好。』發生什麼事了？沒有人改變、沒有人遵守你的模式，然而卻有快樂，而且因爲他們的沒有改變而讓這份快樂變得更美好。它之所以更美好，是因爲存在與生命的多樣性。我們每一個人之中那醒來的都是相同的，而其他的萬事萬物都是這多樣性美麗而奇妙的表達。

一旦我想要你改變，或你想要我改變，就有一把匕首刺向我們存在的最核心，你可以立即地、深切地親身感受到這一點。這就是眞理之火從你手中拿走的東西。不可思議地，在那樣的放手之後，蛻變能量亦獲得了釋放，一切都蛻變了——不只是我們自己，還包括周遭所有人。眞理之火蛻變了你全身上下，直達身體的細胞層次。並非你在乎這件事或刻意這麼做，它之所以發生純粹是因爲你不刻意這麼做。我們一旦去在乎，蛻變能量隨即縮回盒子裡，而一旦頭腦試圖局限這眞理，試圖在自己的概念範圍裡來理解它，就會像將一顆大石頭砸落在一面鏡子上，那經驗馬上粉碎了，然後你的身心立刻感到緊張。這種蛻變需要最深的謙卑，同時卻不存有任何謙卑之感。

因此，我對你的邀請就是不要忽視這種看，而且不讓自己離開那個能夠去看的。不要改善自己，試圖讓那已然完整的變得更好，然後以此回報他人，那就是對世界的拯救。以同樣的來回報，然後看見它就在那裡。無論「那裡」是哪裡——你的前、後、左、右、上、下各處——都在那裡看見那完整性。這就是一切的蛻變之道。如果你無法在周遭的一切事物中看見那份完整性，就是在延續無知、延續暴力。莫要犧牲了這醒來的。莫要用頭腦去想而讓它不在。

莫要討價還價而將它推向你生命的邊緣。

學生：當我看新聞時，會覺得一心想要爭辯、重新確立觀點。面對世界的問題時，我該如何保有這眞理？

阿迪亞：語文只是發生之事裡一個非常小的部分。眞理無法化爲語言文字，它其實是一種寧靜而無法解釋的東西。因此，同樣的道理，我們內在那擁有強大力量與蛻變能力的，能夠以世界無法辦到的方式影響這世界。無論我們的語言文字是什麼，即使我們說著：「和平，和平，和平，世界和平，」或者「餵飽餓肚子的人，餵飽窮人，」如果我們內在的戰爭也同時隨著嘴上的和平激烈進行，那麼我們傳遞出去的訊息就是衝突，衝突，衝突。縱使語言文字不是說衝突，衝突也在所難免。我們是誰就傳遞出什麼樣的訊息，這一點十分重要。

我發現人對一體性非常恐懼，因爲在一體性當中，沒有一個分離於一體性的人，它要來決定或命令一體該如何行動。而且，小我知道在一體當中，小我會消失，它無從扮演任何角色，完全沒有，零。然後小我會說：「一切都會妥妥當當嗎？我是否該躲進衣櫃裡消失，不關心任何人或任何事，就只是坐著，明白一切都是神的旨意？」如果一體性要你坐在衣櫃裡，那就是你要做的事。如果它不想讓你參與，那就是確實會發生的事。如果它真的要你參與，你仍然有能力深入參與正在發生的任何事。

人類從事的活動裡，無論他們認為自己做的是好事或壞事，百分之九十九都是從分離出發，而非從一體出發的。當你從分離出發，那也會是你將傳遞的訊息。當你從一體出發，你或許依然會受到召喚或喜歡去做那些當你困在分離時受到召喚去做的事。你的外在活動可能非常類似，你可能依然在寫信給參議員，或搭飛機在全球飛來飛去，但它若從一體出發，品質將會截然不同。當它是如此時，你會知道，因為你的感覺會說：「我甚至不知道我為何這麼做。」那表示已經沒有衝突在驅使你了，因此你找不到一個理由，因為一切都是那麼ＯＫ。然而就從那裡，某種東西開始動了。頭腦無法理解如果一切都ＯＫ，為何它會動。這時候你就知道，你是從一體來行動，你是從「世界是ＯＫ的」這樣的認知出發而行動。世界不需要你或你的訊息或任何你所做的事，你只是單純地行動或受到推動去做在做的事。

奧妙的是，這個活動不是因為某個原因而發生，它只是生命恰好經由你而活動。你或許是類似聖雄甘地這樣的男人或女人，受到推動而做出了某個行為。或者你可能是像馬哈希這樣的人，說：「那全是神的意志，為何要涉入其中呢？」

頭腦總是想要說：「這些哪個是對的？」而你通常會根據自己先入為主的、對世界哪個對或哪個好的概念來做選擇。這是一種欺騙，頭腦根本不知道。如同生命可以是一棵橡樹、一座池塘、一塊石頭、一片湖，或一部車子，它可以是非常活躍也可以是非常被動的生命，所有這一切都來自同一個源頭。你感覺到了嗎？

學生：我感覺得到。就像內在有股力量，我聽見你說：「一切都ＯＫ」時，我內在有種一切都ＯＫ的感覺，無論活動是否發生，因為有了平靜與接納。

阿迪亞：那麼生命會完全依照它自己的指揮而行動，而不是依照你的既定計畫，這兩者是非常不同的。當你看著可能發生的改變，你可以看見一個人能啓發千百萬人。擁有一個願景的人（甘地）將全世界最大的強權踢出了印度，事實上他是說服他們離開。暴力不可能辦到這件事，「你很爛，你不該在這裡」這樣的想法也不可能辦到，英國人還是會在那裡。然而看見眞理是如此具有威力的一股力量。從眞理流露的活動擁有巨大的潛能，其他任何驅使你活動、行動的動機都是暴力。

我想，有一個很棒的靈性修煉是打開電視，聽聽你最討厭的人、最讓你情緒激動的人說話。如果你能在那裡也看見神，你就懂了。如果你每次看見那人就非得把電視關掉不可，他每次都讓你怒不可遏，那麼你還有很多覺醒的工作要做。

19

ENLIGHTENMENT
開悟

許多年來，我對人們講述、討論關於自由、開悟與解脫，但我發現大多數追尋開悟或解脫的人，對於它是什麼全然不知。諷刺的是，人們耗費了大量的精力，有些人甚至犧牲了生命，將自己關在寺院裡，或是一有新老師來訪便前往參加薩桑，然後花許多錢買書、參加週末研習營以及像這種密集探索靈性議題的晚間聚會，卻對自己所追求的東西全然不知。

當我開始問他們，他們認爲開悟是什麼時，我眞的感到有些震驚。最誠實的人通常會搔搔頭之類的，好似突然發現什麼：「我眞的不知道，我眞的不確定。」那些無法激發如此誠心的人，通常會吐出一些別人說過的話，例如：「嗯，是與那神聖的合一。」其他人則會說出他們自己的想法，以現代白話來說，我們稱這些爲幻想。「開悟發生時，會……」只要將空白處塡上即可。人們普遍的期待是，它是某種類似無限擴張的性高潮的東西。

在禪宗裡，我們說：「如果你坐下，閉嘴，面對牆壁一段夠長的時間，就會發生一些事。」許多人這麼做過，而且非常享受那樣的經驗——或許會出現一段持續幾分鐘或幾小時的愉悅狀態，幸運的話，甚至能持續整個禪期。或許在某次靜坐時，這種感覺只持續了幾秒鐘，頭腦就立刻接著說：「現在，如果我能將這份經驗延長到無限的時間，那就是自由的樣子。」

然而，我的開悟經驗完全消滅了我認爲它是何等模樣的一切想法。而我尚未遇見任何眞正、確實地對眞理醒悟過來的人說過有別於此的話。我從未見過任何一個從那裡回來的人說：「阿迪亞，你知道，它和我想像的樣子差不多。」他們通常會回來然後說：「它完全不是我想像的樣子，也完全不像我生命中曾有過的任何靈性體驗，包括狂喜、愛、與神聖合一或宇宙意識的體驗。」

剛才說過，如同我們在禪宗裡所說：「如果你坐下，閉嘴，面對牆壁一段夠長的時間，那麼所有這些經驗就會發生在你身上。」猜猜看，那些經驗會發生什麼事？它們會過去、會消逝。現在，多數實際知道這一點的人會假裝他們不知道。多數曾體驗過靈性經驗清單項目的人都知道，沒有一種體驗能持久，因爲若非如此，他們不會仍在繼續尋找下一個體驗。所以，大多數待在靈性遊戲裡夠久的人都知道，沒有什麼體驗是持久的。

沒有人想面對這件事。學生們可能已聽過千百次，說開悟不是一種體驗，但他們在薩桑期間依然會擔心：「阿迪亞，我在薩桑獲得的東西，離開時就不見了。」我總是說：「當然，不管你有什麼樣的經驗，你都會失去你的經驗，那就是經驗的本質。」

我們說自由是那個沒有來去的東西，這聽起來很不錯，但是頭腦能對它做的唯一一件事就是想像一個無來無去、無限擴大的經驗。然後它會想：「我只是還沒有出現那個正確的無來無去、無限擴大的經驗。我還沒有做對。」

基於某種理由（這些事完全不是我自己的功勞），在我以禪修者的身分面壁靜坐十五年期間，曾有各式各樣的體驗發生，包括震懾心弦的拙火經驗（kundalini，譯注：或音譯亢達里尼，印度瑜伽傳統中蟄伏於薦骨處（海底輪）的生命能量，修習者的目標是喚醒拙火使其上升至頂輪）、神祕的合一、狂喜，以及被神聖的光與愛淹沒等等。如同多數面壁靜坐的人，我發現這些體驗發生的次數與持續的時間遠遠少於我想要的。在這段旅程上，我在某些時間點很容易會這麼想：「這就是了！這個經驗的愉悅程度太震撼了，這一**定**就是它！」我的意識無限擴張，靈感洞見洶湧而至，超乎我能承受的程度。如果你想要這種經驗，有一個獲得它們的處方籤——只要面壁靜坐，一天坐上無數個小時即可。

但是我接收到一種東西，我後來發現它是一個不可思議的恩典，也就是每當我正處於這些最美妙、最美好而稀有的經驗時，都會有一個惱人的微弱聲音出現，說：「繼續走，這不是它！」其他部分的我會這麼想：「這的確就是它，因爲我身心的一切都在告訴我，這就是它。

所有的信號都是綠燈。那份愉悅感變得浩瀚無邊，這一定得是它。」然後那個小聲音會插進來並且說：「別在這兒停下，這不是它。」

如果我有選擇，或許會一把抓起那個小聲音，把它丟出窗外，因為我注意到其他人也有這些美妙的領悟，但至少他們還能享受個幾天、幾個星期，甚或在某些情況下是幾個月，同時心中眞的相信自己已經抵達終點了。然而我卻鮮少在這些領悟當中浸淫超過十分鐘以上，這不是說它會立刻中斷，只是表示當它正在發生的時候，無論那是什麼樣的經驗，我都心知肚明那不是它。我說這是個無與倫比的莫大恩典，因為它一次又一次將我推出那個我或許會想安頓下來的境界。

如果你執取任何經驗，當它消逝之後，你就會體驗到痛苦。不可思議的是，這種痛苦經常不會讓我們繼續往前走，而是讓我們迴轉一百八十度，回過頭來尋找我們失去的經驗。已經有太多次，這種受苦純粹是浪費時間，因為我們並未學到教訓，領悟到任何來了又去的經驗都不是開悟，依然試圖無止盡地重複或維繫它。

如果我們眞的很幸運，我們就會立刻明白會消逝的經驗都不是它，或者當經驗消退時，不會做一百八十度的轉彎回頭尋找它。我們會了解，無論那經驗是什麼，都不是開悟。因為所有這些經驗都是發生在一個「我」身上的某種東西，而任何一個發生在我之上的經驗皆受限於時間，這就意味著它會來了又走。對我而言這就是個恩典，因為我看見了無論出現什麼樣的經驗，都不是我所追求的開悟，這大大縮短了我的旅程。

當我們談到追求「開悟」這可能是靈性字典中最飽受濫用的一個詞時，我們眞正在追求的是「什麼是眞理？」這一問題的答案。那個問題和「我如何獲得那個經驗？」和「我如何維持它？」完全是不同取向的。問「什麼是眞理？」是個破壞性計畫。多數的靈性活動都是建構性計畫，我們不斷地攀升、再攀升——概念在攀升，亢達里尼能量在攀升，意識在攀升，不斷地構築，然後一個人會覺得：「我感覺越來越好了！」

然而開悟是個破壞計畫。它純粹顯示予你的是：一切你所相信爲眞的，都不是眞的。一切你所認知的自己、一切的自我形象——好的、壞的、無關緊要的——你都不是那個。無論你認爲別人是誰——是好是壞或無關緊要——都不是眞的。無論你認爲神是什麼，都錯了。你無法對神有一個眞實的想法，因此，所有你對神的想法，都只是明確指出了神聖所不是的；所有你對這世界的想法，都只是明確指出了世界所不是的；所有你對於開悟的想法，也只是明確指出了它所不是的。

你是否嚐到了一點個中滋味呢？它是個剷除的計畫。它要剷除什麼？一切。除非它剷除一切，否則就不算是究竟解脫。假如仍有一個東西或一個觀點尙未剷除，解脫就尙未發生。

在多數人的生命裡，每一件事都與逃避眞相有關。我們所要逃避的眞相，就是空性的眞理。我們不想見到自己什麼都不是；我們不想見到自己相信的一切全部錯了；我們不想見到自己的觀點錯了，而且沒有所謂正確的觀點；我們不想見到我們所想的一切關於神的事，皆爲神所不是的；我們不想見到佛陀所說的「無我」的眞正意義。

我們寧願迅速插進一個正面的論點，我們不去看見無我、看見頭腦所執取爲眞的一切究竟爲空，我們的頭腦反而很快插進某種正面的東西，例如：「我就是意識」，或者「一切是極樂」，或者「神就是愛」。我們不想看見，就在我們存在的中心，有一個虛空的深淵。

多少世紀以來，每當人們以最接近眞理的話語談論靈性，它就會盡快受到遮掩。即使是禪——依我所見，它是追求佛陀開悟經驗的教法裡較爲純粹的一種——也經常避開「無我」這個核心教法。那就是爲何當你打開一本書，即使是佛法書，你也找不到這教法的中心教理。它不在那裡。多數的靈性文章會告訴你如何變得更慈悲、更有愛心、如何禪修得更好、數息、持咒，或觀想你的神祇……等等。縱使在佛教裡，它也經常被遮掩，雖然要將創教者那無我的中心教理藏起來有一點困難。即使它沒有被人藏起來，也鮮少被談論，它若被談論時，也可說是經過了一番粉飾。開悟的眞實教導就像一道刀鋒，一刀劃過你想要挺進的任何方向。它們會將你的雙腿砍了，讓你一瞬間臉鼻撲地，摔得鮮血淋漓。

很久以前有人說，眞理能讓你自由，而我們能對包括自己在內的任何人所做的一件最慈悲的事，就是說出眞理。而只告訴我們自己或彼此那些我們想要聽的事，是無法帶來解脫的。那不是慈悲，而是一種隱形的殘酷，因爲這麼做讓我們陷入無止盡循環的奴役中，重複追逐一個不存在的東西。眞理或許會讓我們的頭腦感到有些無助，但那就是重點所在！那就是臣服的意義。臣服的意思不是「我要追求那神聖的，放棄一切，獻出我的生命、我的心、我的一切。我會放棄一切，這樣才能獲得究竟的靈性利益。」有許多在喜馬拉雅山上做十萬次磕頭禮拜的人，都是因爲認爲這能讓他們獲得最終的利益才這麼做。你是否想過這件事？如果不是認爲它會爲我帶來最終的利益，拜託，我才不幹。十萬次的磕頭禮拜眞的會讓人痛苦不堪！

臣服同樣是俯首禮拜，不管是內在還外在的，但是這麼做不尋求任何回報。其他的都是遊戲，都是小我。「我會假裝很有靈性，因爲這樣能讓我獲得一些東西。」眞正具有靈性的是：「我只要眞理。我願意放棄一切不是眞理的東西。無論我喜歡放棄或不喜歡放棄，都沒有關係。無論它是否會撼動我整個一己存在的基礎，都沒有關係。我不想要將眞理當成一個可以掌握和擁有的添置品。我要的是眞理，它的本質必須是不能被獲取的。」必須要有完全的鬆手、絕對的放下，而又不求回報。絕對的放下是放下那個正在放下的。在開悟裡沒有什麼東西是給那個「我」的。

就某個意義而言，開悟是領悟到沒有分離的自我。我們可能已經聽過千百次：「沒有一個分離的自我。」但是如果我們在內心咀嚼這句話，認眞思考它的意義，會發生什麼事？我們會發現，身爲分離自我的那個「我」所執取爲眞的一切，都不是眞的。

沒有分離的自我的滋味是徹底解脫的。沒有分離的自我的意思不是有一個靈性體驗能讓你說：「我已將自己無限擴張至一切處，已經與萬物合而爲一。」對一個分離的自我而言，那是個美麗又奇妙的經驗，但那不是合一的意義。合一不是關於融合，融合發生在「二」之間，而既然只有一，任何的融合經驗都只不過是一個幻相融入另一個幻相，無論這經驗是多麼美麗、多麼奇妙。即使當我體驗到與那絕對的、那永恆的，或者與神融合爲一了，那也只是單純地表示，我虛構的自我與另一個虛構物合一了。

合一，是沒有另一個（不二）。合一是只有**這個**。沒有那邊的**那個**，只有這個。而那就是一切之所是。只有這個，而你一說出**這個**是什麼，你就已同時定義了它不是什麼。**這個**，只有在一切不是的完全破壞殆盡之際才能夠被了悟。因之，覺醒是一切來來去去的事物之外的覺醒。它是時間之外的徹底覺醒。

這種覺醒好比半夜從夢中醒來——這就是爲什麼數千年來這個譬喻那麼常被使用的原因。那個夢就和此刻一樣眞實，如果你在夢中認爲自己的生命受到威脅，你緊張的程度會和你認爲現在生命受到的威脅一樣多。但是當你在早晨醒來時，你會想：「我的天哪！那些並不那麼眞實。」做夢的時候，它是如此眞實。夢存在它就存在，但是當我們置身夢中，它其實並沒有我們以爲它有的眞實性。

人們不知道夜半從夢中醒來是件多麼重要的事。你眞的是從一個你將之視爲和這個時空一樣眞實的時空中醒來，那是極爲劇烈的意識變化。我在夢中視爲眞實的一切，結果全非眞實。若確實有眞正的靈性覺醒發生，它所造成的影響也是一模一樣的。我不是在說這個世界是個夢或不是個夢——定義這個世界毫無意義。我所要說的是，覺醒的經驗正是如此。那個經驗就像：「我的天啊，我以爲自己是一個叫做某某的人類，但其實我不是。這不表示說我是更好的或更大的或更廣闊的，或是更神聖、更非凡的。這只是表示我不是（I am not），如此而已。」

這不表示身體不存在，顯然有個身體存在。這不表示頭腦不存在，顯然有個頭腦存在。這不表示性格不存在，顯然有性格存在，也有一個自我感存在。無論開悟不開悟，你都會有一個自我感，否則意識無法在一個身體裡運作，否則若有人叫喚你的名字，你便不會回答。就我所見，歷史上的每一位聖人，都多少能夠回應。

馬哈希事實上以相反的方式來表達。他說：「只有自性（Self）存在」，這恰恰就是將「沒有自我存在」顚倒過來，那是同樣的事情。沒有自我的時候，存在的是什麼？我們如何稱呼它？馬哈希決定將它稱爲自性，而自性其實就是沒有自我的時候所存在的。

我保證你在開悟之後會有自我感，你的身體若沒有自我感將無法運作。因此，在開悟之後失去自我感只是一個迷思。打坐時暫時失去你的自我感是可能的，那時若有人叫你的名字，你不會回頭。我見過一些處於靜坐中的人，連起身都沒有辦法。在印度，他們稱這爲**無餘依**

三摩地（nirvikalpa samadhi），那是個很不錯的體驗。一些洞見可能會因此出現，洞見也可能不會因此出現。你可能會有一種稱爲「自我經驗短暫中斷」的經驗，但我保證它只是暫時的，因爲你的身體若沒有自我感便無法運作。

如果你眞的沉浸至無我當中，它是在時間之外的，意思是它既不持續一段短時間，也不持續一段長時間。它是一種無時間性的了悟，如果它不是如此，那麼你就是尚未了悟它。那麼，你至多是擁有一種稱爲「我暫時失去自我感」的經驗，而這並不是「無我」的眞正意義。無我的意思是：無論是否有自我感，你都直接地完全了知沒有一個自我，這也表示沒有別人，只有一件事在發生。無論你要稱它爲神、意識、佛性、空性、圓滿、左翼分子、右翼分子，都無所謂。當只有一件事在發生，就是只有一件事在發生。只有一個空性，以及它自身的無盡展現。

自由是究竟的破壞計畫，因爲它會偷走你的一切，所以它才是令人解脫的。它偷走你和你自己的爭辯，因爲那不存在；它偷走你和他人的爭辯，因爲那不存在；它偷走你和世界的爭辯，因爲存在的只有**那個**。只有一件事在發生，而它永遠不會與自己爭辯，從來不會，永遠不會。所以它才如此令人自由解脫，因爲你從這種無止盡的「二」當中獲得了釋放。

當我們對自己的眞實本性覺醒過來，我們的頭腦便不再觀看著空性，因爲沒有一個與之分離的、個別的某人在觀看它。我們會領悟到，那唯一能觀看空性的就是它自己。這就是其中一個原因，說明我爲何不是第一個說出「沒有開悟的個人，只有開悟」的人。是開悟覺醒了，不是你或我。你和我化爲了微塵與不存在。開悟覺醒了，因此人們才說每個人與生俱來都是開悟的，不過那樣的陳述可能會誤導，因爲它暗示著人人都是本來就開悟的個別、特殊、獨一無二的小小某人，那就錯過重點了。一個幻相不可能是開悟的，因此，說每個人都是開悟的並非完全眞實，開悟是開悟的才是眞的。

在另一方面，開悟會偷走你的一切，那就是你認出開悟的方式——無論它剛好經過哪一副身體，都會被它洗劫一空。身體知道這一點，但是它一點也不在乎。它非常高興能被洗劫一空，不去持有那一切的觀點、不去相信頭腦的意見——頭腦仍會有一些意見，因爲身體、頭腦與性格依然存在，而它們依然會有它們的意見——不過這些現在已被視爲無意義了。這個時候你便知道，有件眞實不虛的事情發生了。

我今晚對開悟的許多正面面向避而不談，但是如果你眞的見到了眞理，不可能不在往後的一生中呵呵地笑著。儘管你知道這世界的眞實性不及你所想像的一半，你還是不可能不愛死這世界。儘管你知道人們不是你所想像的那樣，你還是不可能不更加愛那些人們千百倍。但我不想談論太多這方面的事，因爲如此一來頭腦會開始以爲它被給予了一顆糖果，事實不然，它被給予的是一把劍。

20

IMPLICATIONS
涵義

在你從分離的夢境醒來，並且領悟到你就是那源頭之後，你必須去探索個中涵義，了解如何將這份啓示應用在生活中。當你眞正領悟到除了你之外沒有別人時，一定會讓你目瞪口呆。一切即一，而你就是那個「一」。

我剛開始教禪的時候，很想相信人們要做的一切就只是擁有覺醒經驗，然後便可以離開。現在我知道，還有很多事要做。我發現，有許多人的確曾對自己是誰、是什麼，以及對那絕對的，出現過最重要的覺醒經驗，然而擁有那些經驗的人卻鮮少變成自由的。因此我開始問自己爲什麼。覺醒，並且擁有自己並非身體、頭腦以及性格這一實際經驗，應該是種自由，而且一開始就是非常令人自由、解脫的。但是多數人都太著迷於覺醒在情感上帶來的副產品，以致於錯過了這件發生之事的眞正意義。

其中一件錯過的事就是完美的「合一」的啓示，

那揭示出你即是究竟本源的啓示。你可以擁有「你是自由的」這樣的經驗，因爲你已不再與一個頭腦、身體，以及性格認同，但卻極少有人能對覺醒中本具的完美的「合一」覺醒過來，獲得此一清楚的視野，反而只對這「一」擁有模糊的感覺。

這很像你半夜做夢，夢裡與某個角色認同，認爲自己有別於其他所有人。早晨你從夢中醒來才恍然大悟，原來自己不是夢裡的角色。你就是那個做夢的人，夢裡的一切全部來自你自己。這是靈性覺醒的一個譬喻，因爲當你獲得靈性覺醒，你會領悟到自己不是這副身心。但是，人們這時經常錯過的是：你就是這整個夢的本源。我想這應該很容易理解。一方面，你看見自己不是任何人，但另一方面，你領悟到自己是一切的本源。

爲何領悟到這一點如此重要？因爲覺醒本自蘊涵的意義，也是你發現眞實靈性啓示的一切價值所在之處。你是究竟的本源，萬事萬物皆爲完美的合一，而且外面的一切其實等同於你。因此，這合一的啓示當中，本就包含著沒有所謂「他者」這樣的體悟。沒有別人，因爲一切在究竟上都是一個人自己。

我知道一些有過這種領悟的人，而他們所做的第一件事竟是回去繼續過著仿佛有他者的生活。他們仍過著一個仿佛有個人自我和個人的你的生活，即使他們已在經驗上瞥見過這並非眞相。因此，許多例子顯示，經驗上的理解是不夠的。但是你可以想像看看，如果你獲得了「沒有他者」這樣的啓示，同時極好奇於其中蘊涵的意義，這會對你的生命造成什麼樣的改變？而如果你問了「這對我往後的整個人生代表了什麼樣的意義？」這個問題又如何呢？

多數人都將整個人生奠基在自我和他人、一個我和你這樣的基礎上，但是領悟了沒有他人這件事之後，人際關係這樣的東西突然消失了，一個人要如何帶著這一層涵義過生活？實際了知並且以沒有他人那樣過著生活，即使你在這表相世界裡仍明顯以自我與他人這樣的關係與人相待，這麼做的根本意義又是什麼？大部分只對個人開悟感興趣的人認爲：「只要我自由了，就沒有人能對我有任何索求，」或者「我會教導他人如何獲得開悟。」獲得個人自由沒有什麼錯，但是如果你再一路往前探詢呢？如果沒有一個個人的「我」，**你**要如何能自由？是誰在那裡成爲開悟的？

長久以來，我最痛苦的經驗之一就是，當我在薩桑期間提出這個人際關係的想法之後，我坐在那裡，聽見好多人都在他們所提出的問題裡暗示了這樣的意思：「我無法在我的關係裡得到我想要的東西，」以及「我想知道如何擁有更好的關係。」學生們問我，我對關係的經驗如何。我的妻子安妮告訴他們：「我們不需要從彼此身上獲得任何東西，我們也不利用關係來解決事情，因爲那不是一段關係的意義所在。」這些話被當成耳邊風，然後同樣那些問題一再被提出。

請仔細檢視覺知所隱含的「沒有他人」的意義。當你覺醒了，你是從這種「你和我」的世界裡醒來。如果你領悟了個中道理，它會讓你驚訝得目瞪口呆。如果沒有他人，就沒有人際關係。任何關係的一切問題都與其中一方或雙方皆未認眞看待「沒有他人」這件事有關。沒有人可以讓你從中獲得些什麼、沒有人要改變，沒有人讓你需要或滿足其需要——這一切都是夢。當你追尋的不止是一個靈性體驗，而是努力了解該經驗所隱含的意義時，這就是你會遭遇到的重大挑戰。

覺醒的經驗好比一次個人的「大爆炸」經驗。它的第一個啓示是最初的開始，它以無開始，物理學是這麼告訴我們的，然後一瞬間閃現的光點最後變成了整個宇宙。開始的時候，你或許見過這光點，卻仍不明白它其中的涵義，這時如果你轉身就走，便錯過了一切。如果你深入觀看這稱爲靈性覺醒的小光點，會發現它其實包含了和大爆炸一般巨大的潛能，甚至更多。

許多人會問：「我如何將靈性整合至日常生活中？」你不必，也無法這麼做。你無法將無限塞進你受限的生活裡，你要做的反而是將你的生活交給那神聖的驅策力。沒有整合，只有了悟，那份了悟總能當個完美的破壞者。它是一切分離的破壞者，一切非眞實的破壞者。將你的生命拋進眞理中，莫要試圖將眞理塞進你的生活裡。

即使你變得很認眞，努力深入你的領悟，持續深觀它，有一個你和一個他人的表相依然繼續存在。如果你無法將這份了悟完全帶入你的關係裡，那麼它多少會一如以往地繼續下去。每一小塊拼圖或許會重新安排位置，但那份關係根據的多少仍是從彼此身上獲得什麼、如何解決問題。當你漸行深入，發掘出沒有他人這個最深刻的了悟，這份了悟將會自己重新安排這個表相夢境的運作方式。關係的意義將以不同的方式運作，因為你已真正領悟到，沒有一個你和一個我之間的人際關係這種東西。它將自動重新定位那少了你努力控制一切的關係世界該如何運作。要讓關係變得更好，只要努力更加清醒。它可能會，也可能不會如你所願地改變，但它會改變的。更加清醒吧，因為當你真正覺醒過來，事物將單純地如其所是。

你不需要一個老師為你解釋沒有他人的涵義是什麼——你必須為自己做這件事。

學生：更加清醒是什麼意思？

阿迪亞：許多老師會以半夜做夢來譬喻。你知道正在做美夢是什麼樣子吧？你好像醒過來了，但又還沒完全醒來，然後因為想要繼續做夢，又一頭栽進睡夢中。所以當你翻過身繼續睡之後，你會再度醒來，恍然大悟自己剛才在做夢，但你其實仍昏昏沉沉的，甚至不知道你是否真的想醒來。稍後的那一天當中，事情會漸漸明朗，你也會更加清醒了。多數的靈性追求者，即使是在一次重大的靈性覺醒之後，幾乎仍是昏昏沉沉的。他們會反反復復，不確定自己是否想醒來，因為他們察覺到外面是一個全然不同的世界。他們想要從壞事裡醒來，又能繼續夢見好事。他們眞的想要在人際關係上回到夢境裡，因爲他們知道，如果他們眞的醒來，事情或許會出現意料之外的改變。

當你昏昏沉沉，似乎有好多東西要放棄，而且對於是否要眞的醒來依然躊躇不定。然而當你眞正醒來，你會明白那只是一場夢，你不會想再回去了。如果你眞的想要自由，你必須努力讓自己完全清醒。那麼你將會對那不眞實的失去興趣，只對眞理感興趣。分離的做夢狀態所呈現的種種假象，將不再能吸引你。

夜半做夢時，是誰在控制那夢境？你是做夢者，一手拉扯著所有操控的韁繩。夢中每個角色都相信是自己促使了事件發生，然而其實是做夢者精心安排了所有事情，當你在做夢時，你卻忘記了。那個超越的做夢者才是創造這個夢世界的人。如果你想要帶著恩典在這世上活動，就千萬不要忘記。有種說法是說要讓那個超越性離開，你才能回到這個世界裡來，這其實是個迷思。

整個關於整合的概念，以及你不能停留在超越性裡的概念似乎頗有道理，但是若我們開始爲自己好好檢視它、問問它是否是眞的，會發現其實不然。當你深觀自身經驗，問問靈性了悟是如何運作的，你會開始明白，我們所談論的許多事情根本是可笑的——就像以盲導盲。這個你正在看著的、稱爲老師的，是你自己的創造物，那是你的夢，你此刻正在創造它。如果你讓自己有所覺知，你會覺知到你正在創造它，而聆聽之人和說話之人的分別只是表相。

如果你覺醒了，你會清楚看見這一點，然而制約可能會將你拉回夢中。這沒關係，你只需持續質疑夢境本身。

有時候，我們會太過於迷戀一個不尋常的經驗，而錯過了更深刻的了悟造就那經驗的是什麼。我們必須問：「我爲什麼有這樣的理解？」質疑它，好奇心與探詢非常重要。你之所以擁有超越性經驗的原因，是你直覺地領會了眞理，也就是事情單純的如是模樣。以靈性角度而言，「我是誰？」這個問題就是正中事物核心的問題。

那無限的智慧事實上正是你之所是，但你必須嚴肅地爲自己找出何謂眞實。要這麼做，你必須完全敞開，容許你所學的一切全是錯的這樣的可能性，否則，你要如何發現那眞正如是的是什麼？當你完全敞開，眞理將會變成最明顯的一件事。靈修者總是以爲，眞理隱藏在他們看不見的某個地方。它並非隱藏的，擋在路中間的是它應該是何等模樣的這個**概念**。請找到那個**真正**如是之處。只有「一」以萬事萬物之姿顯現。請深思並靜心冥想這件事，直到你爲自己徹底了悟這件事。請對你之所是覺醒過來。

21

DHARMIC RELATIONSHIP
法的關係

我從多年的禪修靜心學習到的一個寶貴教訓就是，若要盡量和自己在一起，我必須先找到我自己。靜靜坐著，只認識到一個自我的形象或一個神性（the Divine）的形象，也就只會認識到痛苦和無盡的叨絮。我們與形象同坐時，永遠無法感到自在，即便那是一個好形象。當我們以眞實「自性」的樣子來靜坐，就是以無自我形象、無自我概念、無自我想法的樣子來靜坐。我們只是以開闊性的樣子來靜坐。這就是一份眞正的關係的基礎，因爲如果我們不是處於和眞實自己的關係裡，當然會發現自己不可能和其他人擁有一個眞實的、深刻的關係。

當我們處於和一己光明空性的關係裡，這樣的關係就是美妙的，因爲我們是眞正的自己。本質上，我們是與一個奧祕墜入了愛河，奧祕和自己墜入了愛河。當這個奧祕與另一個他者處於關係之中，無論那所謂的「他者」是一朵花、一隻小鳥、風、寒冷，或是一個人，它都將這些做爲相同奧祕的一種表達。當我們看見自己與奧祕的各種顯化眞的處於一份關係之中，這就是眞正的神聖關係：這兒以這個模樣，那兒以那個模樣，一會兒以她的模樣，一會兒以寒冷的模樣，一會兒以苦澀的模樣，一會兒又以甜美的模樣，一會兒以悲傷的模樣，一會兒又以快樂的模樣，一會兒以困惑的模樣，一會兒又以清楚的模樣。這些全部都是那奧祕的顯化。法的關係的眞正基石，就是與那份奧祕的關係、與我們自身的關係。

當我們靜靜坐著，對當下此刻不帶任何要求、不等待下一刻、不等待獲得它——無論「它」是什麼東西——當我們不等待開悟或獲得愛、獲得安詳或平靜的心，當我們不再對自己要求**任何事**——那神聖的將會開啓，原因是沒有人對它提出任何要求。若我們不要求當下此刻變得有別於如它所是的樣子，我們與它的神聖關係便能像花朵般盛放。那麼，它的美好將會盛放。但是，如果我們對這一刻提出即便是最小的要求，我們也會開始錯過它的美好，我們的要求將會扭曲我們原本能在自己身上看到的、體驗到的東西。

頭腦認爲，要自由解脫或者開悟，意味著掃除所有的不愉快經驗，其實不然。神性不敢透過清除什麼東西來玷污它自己，那不啻是斬斷你的手臂。然而將這些相同的情緒或經驗體驗爲那奧祕、體驗爲神以及你自己的奧祕，其實也就是完全地轉化了它們。

請看見那實際存在於此的整體性，那是永恆的品質透過所有的經驗展現它自己。那麼，你自己的神聖感受、眞正的你內在所了知的，將會變得更寬廣，超越了僅僅是愉快的經驗，成爲經驗的完整頻譜。你將直接感受到，一切的顯化，無論那是什麼，都是神性的綻放與流露。如果有困惑，那是神在困惑；如果有清楚，那是神在清楚。接下來，你將能夠在垃圾場裡、在排水溝的廢棄物裡、在六星期沒洗澡的街友身上看見神。你開始到處看見那同樣的神聖性、那奧祕與它自己的那份同樣的、密切的法的關係。所以，它會如此繼續下去，穿透得越來越多、越來越深，深入更多地方。當你在萬物裡認知到這份神聖性，你會知道自己並非自認爲的那個人。你是一個不可觸摸亦不可見的、生氣勃勃且覺醒的奧祕。

明白這一點之後，你便能處於神聖關係當中。若不明白這一點，只是努力**促使**你的關係變神聖，那麼你只是在努力迎合你對神聖關係應如何的想法，而這最適合稱爲暴力。你這麼做或許有個好理由、好動機，然而如果你努力促使這個關係變神聖，你已經錯過它了。你錯過了它就是神聖的。你若能看見一份關係已然是神聖的，你便能眞正看見它即是奧祕本身的一種顯化。

當你看見萬事萬物都是神聖的，你並不會喪失辨別的能力。你可以看見關係當中可能會有的不誠實，以及你無法抱持最高的眞誠原則之處、缺乏親密感之處，或是以形象、概念、投射或要求建立此一關係之處。即使它被視爲神聖的，也不表示你不會看見它其中的荒謬部分。這些視野並非只能二選一。神的作爲有時是很好玩的。

要在關係當中保持眞正的你（也就是純粹的覺性之光），是人類的一個最大挑戰。任何未被滿足或未被看見的東西，都會像一個貼了一張「按我」貼紙的小按鈕——吸引著手指按下它。（譯注：英文以按到某人按鈕〔push someone's buttons〕來形容惹惱某人或碰到某人痛處。）那就是神聖性的美麗之處。如果它未被滿足，如果它是無意識的，就會有一個「按我」的小按鈕，因爲如此一來它就無法保持無意識的。有了！有人按了它。嗶！指責。噢，哇！現在指責變成有意識的了。機會來了，但我們通常會做的事卻是盡快讓它變成無意識的。因此我們不會看見這個：「指責剛剛被按下了。天哪，那已經跟著我好長一段時間了。它就在程式裡，好有趣啊！這是什麼呢？」人們反而一頭栽進它的心理狀態裡，或栽進一連串關於它的無止盡想法與哲學中。但是它是什麼？體驗指責是什麼樣子？藉由質問「這是什麼？」意識便獲准進入它內部。所以，你看見了嗎？那裡或許有指責，但現在是有意識的指責。如果你努力對指責做些什麼事，例如努力擺脫它，那麼你就不是眞正和它在一起。

覺性之光本身就是最深刻的轉化媒介，而最深刻的煉金術就發生在願意對我們的無意識保持有意識的意願當中。當那個小小的按鈕被按下了，某個無意識的東西會生起，而我邀請你保持清醒，如此而已，只要保持清醒，煉金術就會發生。只要保持清醒。不要做自認靈性的事，例如退後五十步，從無限遠的距離觀照它。雖然那已經比迷失其中好一些了，但即使是那樣，也是一種微妙的無意識形式，因爲它是一種逃避或讓清醒從如是退縮的微妙形式。覺性就在此處，你不必帶著它退後，或把它帶至某個東西的上方或下方或後面，才能遠離那生起的東西而獲得根本自由。它已經是自由的，它不需要後退。只有那小小的我認爲它需要後退或遠離。而這麼做時也可以變成有意識的：「啊，小我又想要將事情靈性化、試圖遠離什麼了。現在，**那個**按鈕被按下了。」現在，那變成有意識的了。

覺性不是關於遠離什麼、努力解釋什麼，努力修復或者擺脫什麼。當覺性得以被經驗，它是對如是的深刻之愛與關懷。愛永遠將自己奉獻於當下的此時此地，將自己完全獻給現在。要以這種方式處於關係之中很簡單。它是謙卑，它是親密無間，如此你將能以一種全然不同的方式認識另一個人。

多數的關係在開始之際都是無意識的關係。當覺性之光在那份關係裡綻放光明，裡面的無意識也將被揭露出來。當它顯露時，重要的是切勿將它靈性化。有些人會想要將他們的關係靈性化，而不是讓它成爲有意識的。他們想要將它塑造成一個靈性幻想，其中他們的伴侶必須迎合他們對何謂關係的靈性概念。他們以爲自己知道它應該是什麼模樣、可能是什麼模樣、會往哪裡去。

當你慢慢從那樣的狀態放鬆回來了，即是回歸至某個非常親密且純眞的東西，在那裡，你終於願意說出眞相，不再掩飾、不再逼迫意識進入某個針對關係而定好的計畫裡，而是單純地讓它浮現。這麼一來，你絕不會知道每一刻將會是什麼模樣——不知道意識、覺性與愛會想要如何浮現。當然，這會對關係造成嚴重的破壞，一如眞理對你造成的嚴重破壞。當眞理在你內在浮現，內在任何依然執著於非眞實的部分將會呈現極大的對比而被看見。而在關係當中，當覺性涉入並且因你的不再阻止而開始運作、活動，其中的眞理與非眞理將會相互衝突，你也將看見它們的不一致。

那就是按鈕被按下的地方——不只是我的按鈕或你的按鈕，現在我們有了第三個按鈕叫做「我們的按鈕」。每一份關係都有我們的按鈕，因爲當我們在一起時，它創造出另一種稱爲「我們」的東西。如果我們其中一人或其他人按了我們的按鈕，關係會發出「嗶！」的一聲，因爲我們的按鈕剛被按下了。這個「我們」會有它自己的按鈕、它自己的意識，那是兩個「我」按鈕融合爲一的產物。

當我們允許意識進入，即是不再從恐懼出發。試想，如果你所做之事沒有一件是出於恐懼感或不安全感，會是怎樣的情況。我們若深觀我們的關係並問問自己，如果不根據恐懼或不安全感而行動，會發生什麼事？那對多數人而言可謂一場革命。關係越親密，就越像是一場革命。如果沒有一件事是出自恐懼或不安全感而做，那會是完全不同的情況。那就是當我說眞理會對你的關係造成嚴重破壞時所指的意思，儘管那可能是一種非常正面的破壞。

我發現許多對眞理有深刻了悟的人，對於在關係中做眞正的自己這一大挑戰感到無力招架——心懷恐懼或不安全感，不知是否會被接受，或是否會有失控的情況出現。這會使你感到非常不安，因爲如果你生命中一直在拒絕眞理的那部分不再遭到否認了，不知道會發生什麼事。人們經常不願意面對不安全感或恐懼，只能從中退縮。因此，關係裡的那一面向遂成為生命中孤立而分離的部分，意識無法獲准進入。如同每個人都知道的，無論就短期或長期而言，你越是有意識，就越難停留在分裂狀態。如果你能完全有意識，根本不可能從分裂出發。因此，確實不可能完全清醒，卻非處處清醒。如果你不是處處皆完全清醒，這表示你尚未完整達成真正的你。

當你獲得一個小小的靈性體驗，很容易在十分微妙的層面上覺得自己贏過了一個沒有相同經驗的人。一旦你這麼做，就不是真實的交會。所以，你要如何以一種純真的方式與無意識交會？不是去贏過某人，而是與之眼神交會？我們可以藉由聆聽外頭的鳥鳴來學習法的關係，也藉由觀察自己的聆聽品質、我們擁抱聲音時的品質，以及我們如何讓聲音進來、讓自己被聲音觸動等等來學習。這些簡單的動作就能讓我們變得更有意識。這麼做，我們所學習到的法的關係會比閱讀上百本的書更多。

我過去經常在索諾瑪禪中心（Sonoma Zen Center）進行禪修，那裡非常安靜，我們會在清晨四點半起床開始靜坐。早晨的那段時光非常美好而寧靜，太陽出現在地平線之前，空氣逐漸瀰漫著晨曦，靜靜感受全世界正在清醒、你整個人正在清醒，著實是個令人歎為觀止的經驗，那感覺美妙極了。到了早晨大約六點半的時候，禪寺對面的鄰居就會醒來，而他們對如何開始準備新的一天有著不同的看法。每天早晨六點半，他們都會以最大音量播放「齊柏林飛船」樂團的音樂。這就是我們學習法的關係的時刻。對鳥鳴、令人愉快的事、神性的美麗顯化以及你自己的眞實本性保持有意識非常容易——直到吉米·佩吉（Jimmy Page，齊柏林飛船吉他手）開始彈奏出第一個震撼的和弦！這就是了，這就是邀請。「那是什麼？我和它的關係是什麼？」

我所發現的是，那只不過是另一個聲音，完全沒問題。它也是美好的，因爲它拓展了我對靈性的感知。它僅僅如其所是，神假裝成了搖滾巨星。神並非只是那些愉快、美好的短暫時刻，安詳而寧靜。它將何謂靈性的概念一刀劃開，直探它的核心。它說：「好吧，你想見見神嗎？這就是神——神的全部。不是只有你想見的那部分，而是它的全部。」

然後，在一年至少一次的禪期裡，會有那臨門一腳。禪期的最後一天我們會整天打坐，我們不在晚上十點鐘就寢，而是會休息一下，然後進行三次半小時的打坐，其中穿插十分鐘的經行，直到晚上十一點半，然後再從午夜一直連續打坐至隔天清晨四點，中間完全不起身。所以，如果你認爲你已在這個禪期成就了**涅槃**，是個了不起的人，因爲你的禪修進行得非常順利，你感覺很棒，算了吧！五天或一個星期之後，你會覺得被徹底毀掉。沒有人可以在這之後仍帶著亢奮與自覺強大的感受離開，在禪期的前半段可能可以，但是最後卻不可能。

這種方式的禪坐並非必要，但是進行過許多次這種禪修之後，我開始看見它的美好之處。無法帶著某種亢奮與自覺強大的靈性成就離開——認爲自己在整個禪期都感覺很棒、很安詳——這是一個多麼美妙的禮物！讓自己被打回天眞之中，是個多麼棒的禮物！一陣子之後，它完全不是一種挫敗，而只是一種感覺：「哦，我們又來到這裡了，一個裝滿五十人的房間，在三個半小時的連續打坐之後，我們全都只求安然度過這段時間。開悟的和未開悟的都一樣，都只求能在這段時間之後安然倖存。」任何困難的感覺或關於我自己的靈性概念，無論是亢奮的或低落的，全部崩潰了。在那樣的崩潰之中，我發現虛僞外牆的崩落是如此甘甜、如此美好、如此神聖。這是在每一個地方、每一個經驗裡看見合一的大好機會，但是不再只是它應該如何的某種概念。當概念崩潰，那神聖的眞實狀態就有機會浮現，而眞正的神聖比概念美麗太多了——沒有那麼戲劇化，但是卻更加美麗。

法的關係是一種眞實的關係。美麗存在於眞實之中。它不存在於你對靈性關係的**概念**裡，而是存在於它的眞實狀態裡。

22

ETERNAL NOW
永恆當下

花片刻的時間
檢查你是否眞正在此。

在是與非出現之前，
我們只是在此。
在好或壞或不值一提出現之前，
在罪人或聖人出現之前，
我們只是在此。
在此相會吧，這是寧靜的所在——
裡面的靜定在跳舞。
就是在此，在知道什麼或不知道什麼之前。
在此相會吧，所有觀點在此融合爲一點，
而那一點亦消失無蹤。

看看你是否能在當下此刻相會
此一碰觸永恆、

在每一刻感受永恆的生與死之處。
只要在此相會——
在你成爲專家，
在你成爲初學者之前。

只要在此，
在這個你是你永遠所是之處，
在這個你永不增添任何東西，
或削減任何東西之處。

在此相會，這是你一無所求之處，
你一無所是之處。
無可言說的此處。
我們只能以奧祕對奧祕的身分相會
否則我們不會相會。
在此相會，這是你透過不尋找自己

而找到自己之處。
在這個地方，寂靜震耳欲聾，
靜定迅捷如電。
在此相會，在此你是你所欲求的，
在此你欲求你所是的，
在此一切脫落殆盡，
落入光明的空性。

——阿迪亞香提

有個精彩的故事，說到一個年輕人住進一座僧院，興致勃勃地準備好要開悟。他問住持：「我要多久才能開悟？」住持回答：「大約十年。」年輕人說：「十年！爲什麼要十年？」住持回答：「噢，以你的情況來說要二十年。」那人又問：「你爲什麼說要二十年？」住持又說：「噢，抱歉，我弄錯了……應該是三十年。」

如果你眞的懂了，你會明白，就連問那個問題也要花你十年的時間。「我什麼時候才能眞正自由？」這個念頭一出現，時間隨即自動誕生，進入了存在。而隨著這個時間的誕生，你必須想：「或許至少十年，或許永遠。」要抵達此處你能去哪裡？你所踏出的任何步伐，都將帶著你去到別的地方。

這讓頭腦非常意外，因爲頭腦總是想著自由或開悟，將它們視爲某種累積的東西，而當然，根本沒有什麼東西可以累積。重點是了悟眞正的你，一直以來眞正的你之所是。這種了悟存在於時間之外，因爲它若非發生在現在，就永遠不會發生。

你的開悟概念一旦變成受限於時間的，它就永遠是下一刻的事。你也許會擁有一個深刻的靈性體驗，然後問：「我這個經驗可以持續多久？」只要你仍堅持問這個問題，就是受限於時間的。如果你仍對時間，以及你能在時間中累積多少靈性成就感興趣，你就會得到一個受限於時間的經驗。頭腦會表現得仿佛你所追尋之物並非已當下存在了。當下是在時間之外的。時間並不存在，而那個似非而是的矛盾就是，唯一阻止你見到永恆的原因，就是因爲你的頭腦受困在時間裡，才讓你錯了過眞正在此的東西。

你是否曾感覺自己並非眞的那麼想在這裡，你想要的是某種美妙的永恆體驗？那是人們心裡常想、嘴上卻不明說的，當老師說：「要在此時此地。」你內心覺得：「我在這裡，但我不喜歡在這裡。我想要在那裡，開悟存在的地方。」如果你的老師是眞正的老師，他會告訴你你弄錯了，你從未在這裡，你過去一直在時間裡，因此你從未眞的出現在這裡。你的身體在這裡，但其他部分卻在別的地方。你的身體已經經歷了這個稱爲「生命」的東西，但你的腦袋經歷的卻是「我對生命的幻想」，或者「我對生命的一整套故事」。你一直被困在一個對生命的詮釋裡，因此你從未眞正在這裡。

這裡就是「應許之地」。永恆就在這裡。你是否曾注意過？你從來沒有離開過這裡，除了在頭腦裡的時候。當你回憶過去，你並非眞的回到了過去，你的憶起正在這裡發生。當你想到未來，那個未來的投射亦是完全在這裡的。而當你抵達了未來，它還是在這裡，它不再是未來了。

要在這裡，你所需做的一切就是放下你所認爲的自己。就這樣而已！！然後你會領悟到「我在這裡。」這裡是不想任何念頭的地方。每一次你來到這裡，你是什麼都不是的無，綻放光明的無。絕對的、永恆的零。醒來的空性、完滿的空性、一切萬有的空性。

你只會欲求各式各樣的東西，因爲你不知道你是誰。一旦你能夠回到自己、回到那空無的覺性，你就會明白，你沒有什麼要再欲求的，因爲你**即是**你所欲求的。

你會發現的自由不是「我已達到開悟。」那種自由，而是「我的天啊！沒有人在那裡達成開悟。」因此，也沒有人在那裡未達成開悟。那就是光明，只有「我」的概念認爲它需要開悟、自由、解脫、解放。它以爲它需要尋找神或得到一部法拉利跑車——深入核心的話，它們其實沒什麼兩樣。但就在識破概念之我並領悟到那純粹是頭腦活動的當下，你會明白沒有人達成開悟。

我，我，我，我想是這樣，我想是那樣，我值得，我得到了，我沒得到，我開悟了，我失去了——這些都是頭腦的東西。沒有人在獲得開悟，也沒有人會失去它，這整件事都是虛構的故事。你是否曾覺得自己的生活像一部三流小說？就像《神探南茜》（譯注：美國三〇年代的青少年偵探小說）系列的小說一樣，說完一個故事之後，你以爲這該是結局了，但隨即發現作者又丟出另一個故事，這個故事看完之後，另一個新的故事又立刻銜接上來。不過你從不會在書裡發現作者，作者從不會投降，總是留在故事書的外面。

頭腦就像那樣，說了許多故事之後，頭腦裡那個小角色會說：「我必須開悟，我必須發現源頭，我必須找到神，我必須解脫，我必須超越生死。」然後，有一刻它突然領悟：「噢！那只是個故事！」然後開始懷疑：「沒有這些故事的時候，我是誰？」你放下了那本名爲《我的生命》的書，然後看見根本沒有故事、沒有我。那個我就是故事。整個故事自己無中生有、憑空冒出，純粹是自得其樂。它是爲了讓你閱讀而存在——笑一笑、哭一哭、有高潮有低潮、有生有死、有敵人有朋友——但從不需要嚴肅以對。

如果你有一些靈性體驗，那是很棒的故事情節。它們會在最爲靈性的那些名爲《我的生命》的小說裡出現，書中角色會被賦予靈性體驗，會接近開悟、會走到很遠的地方、發現了極樂、又失去了極樂。第二十二章：〈不可思議的洞見！〉；第二十三章：〈洞見完全消失〉，待續又待續……。你已經經歷了本系列故事的四分之三了，（像一個高階的靈魂了，不是嗎？）而現在你已讓那個靈性角色上了你的身。在剛開始的幾本書裡，你仍只是個世俗的凡人，然後你在系列的後半部開始變成一個較高階的靈魂，而現在你已變成一個求道者了。你必須要抵達某個地方，那就是那個小我一直在做的事，不是嗎？它在故事裡尋找自由，直到最後才了解到，那個尋找自由的人也是故事裡的一個角色。

然後，突然之間：「我是誰？」「沒有任何故事的我，又是誰？」故事自動停止了，但是頭腦沒有答案，因爲那只是平添更多故事，變成下一章的內容。當你踏出那故事，語言文字不再存在了，你在書頁之外。故事的外面只有覺知。但是別擔心，故事會繼續下去，即使沒有那個我，它仍會繼續。活動是持續不斷的。

當你藉著放下虛構之我而進入永恆當下的靜定之境，你會看見實相、開悟或者神好比一道火焰。它是生氣勃勃的、恆動的、永遠跳著舞——火焰永遠在此。但是火焰是無常的，其中沒有任何永久不變、靜態或穩定的特質，因爲如果它是如此，它就是死的。實相是生氣勃勃的，永遠處於活動中，如同火焰從一根木頭奔竄至空中。眞理是持續的活動，這種活動、這種眞理的活力，才是持續不變的。它永不停歇，它是永恆而無時間性的。無常是唯一持續的事，唯一永久不變的事。

一己存在的全然靜定會在一切對活動、無常、生命力與改變的抗拒消失之際來臨。當所有的抗拒不存在，全然的靜定，亦即一種充滿活力、生氣勃勃的靜定之境就會出現。它完全定止不動，卻又處於無盡的動中。它之所以看似定止、看似不動，只是因爲抗拒不存在。試想你在火車裡，以時速一百英里的速度在鐵軌上奔馳。火車內部沒有風阻，所以你聽不見風聲，輪子和軌道之間，或承載火車的彈簧圈之間沒有阻力，因此你感受不到一點點阻力的震動。你會發現，即便你移動得非常快，但火車內部卻完全靜止不動，仿佛你沒有在移動似的。一己存在的靜定就像那樣，我們所謂的恆久不變，其實是無止盡的、無抗力的活動。

對這一點有類似這樣的認知非常重要，無論你是否了解都無所謂，因爲若非如此，你來到像這樣的一個僻靜會很可能會錯過重點。也許你會體驗到某種靜定之境，以及美麗、洞見、自由等來自這體驗的東西，但是如果你將它視爲靜態的，以爲這次也許可以把它帶回家，一回到家裡打開雙手，卻發現那份靜定已經是個死的東西了。它是一道火焰，你一旦將火焰抓在手裡，它就熄滅了。當這一刻的生氣勃勃毫無抗拒地被體驗，它是完全靜止不動的，也是完全活動的，你無法抓住它，因爲抓住的動作本身只是火焰的更多動作。它無法抓住它自己，只能是它自己。

你可以從這個火焰的譬喻發現更多事情。如果你觀察火焰的頂端，最尖端的地方是閃爍搖弋、不停舞動、發出光亮的。你所見到的全是光的來源，但是光本身卻是看不見的。這道光明就如同眞理的火焰，發出洞見、了悟、覺醒。在那之下，火焰的內在之心也如同火焰一般活動，如海洋一般起伏波動，但不像火焰尖端那樣狂野。心之中有個甚至比洞見更深奧的東西，那是它在成爲洞見之前的經驗。這個起伏不定的心與它自己深深結合。它的結合如此之深，因此它甚至不會移動至了悟，只是享受著那份結合與甜美，享受那份美好的愛。

然後，心的下方是火焰的基礎。你曾見過木材上的火焰嗎？有一次我徒步旅行時，一天晚上我觀察著木材上的火焰，但卻看不見火和木材接觸的地方在哪裡。若非木材與火焰之間有個空隙，就是火焰極爲純粹、無色，因此透明看不見。類似的道理，心之中有一個絕對的根基，就是空性所在之處。那正是眞理活過來之前、躍入存在之前的所在。在這裡，即便是心的結合亦消退至那如此純粹的存在根基裡。它是那個麥斯特．艾克哈特這麼稱呼它的地方：「永不看見分別之處」，在那裡，即便是合一都沒有意義了，頭腦的洞見落入寧靜，心落入寧靜，只是安歇於純粹的存在根基裡。

所以眞理的火焰即是包容了一切面向的**完全**火焰：那狂野的、那心的、以及最純粹的根基。

23

FIDELITY
忠誠

當你體驗到自性的了悟，絕對不要掉以輕心，因為一旦你對眞理的忠誠有所動搖，你會發現自己又掉回分離的狀態裡了。若你不想止於淺嘗自由，而是要成爲自由，就必須對眞理絕對忠誠，而且必須獻身於這份忠誠，直到永遠。如果要讓自由成爲生氣勃勃、持續不斷的體驗，你身而爲人的這部分就必須對眞理保持忠誠，並且承諾活出那份眞理。要成爲自由的，人這一部分必須永遠忠於眞理。

人們總是問我：「這一切什麼時候才會結束？」我明白他們將自由視爲等同於不需要有意識地欣賞每一刻、不需要付出任何心力、一點努力都不需要，因此答案當然是：「永遠不會結束。」這不是永遠無法放鬆的意思，而是能夠帶著欣賞地放鬆。若能這麼做，將爲關係的開展帶來深刻的意義。能帶領我們活出自由的，不是保持注意力，而是保有欣賞與珍惜之心。我們不可以放棄，永遠不放棄我們的欣賞與珍惜之心。

一旦你對眞理的忠誠不再，就是將自己從眞理的自由裡掃地出門。一旦任何東西——權力、讚美、人、地、事、外求的愛、尊敬、肯定等——變得比眞理更重要，你將開始受苦而且感到與他人分離了。在眞理當中，只有眞理存在的空間，這意思是你只有見到眞理、選擇眞理、愛著眞理的空間。對眞理的熾烈投入，是一刻接著一刻的選擇。

如果你在等待這種選擇的自由變成無選擇的或自動的，那麼你尚未對這自由——能在眞理與某些令人覺得舒服的故事之間做出選擇的自由——負起完全的責任。對眞理的極度忠誠不是一件能夠等閒視之的事。若呼應禪宗三祖的話，一個對眞理打破誓言的人，將永遠劃開了天與地。每當有令人分心的事物出現，你在那一刻就必須了解那是一種昏睡，而且只是個過渡現象，如果你假裝它是眞的，那就是天地「咻」地一聲被劃開的時刻。但是一旦你做出選擇而說出眞相，天堂將再度爲你開啓，只要你能夠看見：「噢，這只是過渡現象，或是憤怒或無聊。」而不想努力改變它，只想單純地以它如是的樣貌稱呼它。

若只是爲了謹守誓言而謹守誓言，那是不夠的，這麼做是打破最神聖的誓言：敞開心胸去愛的誓言、讓心深深臣服的誓言。不要只爲了保有眞理的某種形象或理論，而去維持一個乾枯的誓言，那就像是舒服地躺在一張沙發椅上，然後對你的伴侶說：「我不會愛你，但我們會在一起，因爲我說過我會。」那就是打破誓言，如此或許保有了某些法律文件，但已喪失眞正的意義、喪失眞心、喪失愛、喪失親密與纖弱了。機械性的做事方式是不夠的，你的心和整個存在都必須在背後支持才行。感受這一刻，帶著願意深深體驗的意願來看待它，無論它是好、是壞或是無關緊要。讓情感與感受完全呈現，就在此地，你是纖弱而敞開的，你的心是存在的。只要眞正地在此就好，不要從那受制約的頭腦來過生活，要從不受制約的眞理來過生活。

眞理會愛，它不下定論，它手裡握著一把利劍，能夠毫不留情地分辨何者是眞、何者是假，但它不會心存任何怨恨。如果你不對自己說出眞相，你會受苦。如果它不是毫不留情地，你就無從學習。眞理不會溺愛你。不依眞理而活就會受罪，就是那麼簡單。

當你眞正對眞理覺醒過來，你會看見無論你經歷了什麼樣的情況和經驗，你一直被愛著。有一條愛的繩索穿過了每一刻，若看見這一點，你會感到不可思議。受害者從來就不存在，一刻都不存在。即使事情看起來很痛苦，卻是那把鋒利的劍要讓你眞正見到眞理。與此握手言好十分困難，因爲它會偷走我們身上每一絲的受害者心態。

眞理會以各種形式舞出自己的面貌，有些讓人愉快，有些讓人不愉快。每個經驗的背後都是愛。若能承諾在所有層次的存在裡都能完全處於當下，便能將你和當下發生之事的隔閡、你和經驗之間的隔閡塡補起來。關老師過去總是說：「要消弭那個隔閡，即使只是一點點，都必須消弭那個隔閡。」然後一切將會開啓。消弭如是與你所欲求的方式之間的隔閡，以及如是的自動展現與你所欲求的展現方式之間的隔閡。這個評斷的隔閡就是你所感覺到的分裂。你必須完全選擇如是，以你的全部存在投入於它。

現在，非常重要的是必須了解，你無法靠自己的意志來消弭這個隔閡，只能藉由你的意願來辦到。如果你試圖消弭它，它只會變得越來越大，但是，如果你願意臣服於如是，它就能自己消弭。當「我」和當下眞相之間的隔閡消弭了，眞理將會自動流露，充分地呈現它自己，充分地做爲你的自性而存在。

那就是我所謂「投入生活、投入此刻與如是的豐富」的眞正意思。這可不是什麼超然物外的抽離了，如果你想要的話，也可以是如此，但那不是我現在在談論的東西。勇往直前投入那無防備的纖弱與純眞吧，那就像你和某人進行一場對話，然後一個施展了魔法般的美妙時刻突然來到，你們兩人皆忘我地投入，對彼此毫無防備。那就是魔法發生的地方。

消弭隔閡的方式太多了，其中一種有助於消弭隔閡、找到靜定的方式就是當你在打坐時，就只管打坐。如果身體隨著頭腦動，便會遮蔽了靜定。但是當身體保持放鬆、定止不動，頭腦也會開始跟隨身體，那麼其中的隔閡就能消弭，然後，這一刻的靜定便能夠開始綻放光明。要對什麼造成了動保持覺知，這只是頭腦顯化在身體上了。要冒一點險、永遠要有一點的毫無防備，要無防備到足以保持在醒來狀態、能夠感受到清涼的微風吹向心中的火焰。

眞正的力量，是當愛熱情地表達出內在某種非常深刻的東西時所散發的力量。它來自心，來自豐盛，而非來自努力填補空缺。你可以在萬物的存在裡感受到生命與愛的火花，你可以在空氣裡感覺到它、在花朵的形體、葉子的形體、你身體的形體裡感覺到它。你說不上來它是什麼東西，它是生命，一種超越了活著的生命。思想會死去、身體會死去、信念會死去，但生命依舊存在。生命、神、愛，顯化爲那麼多的形式——化爲智慧、清明，它們像是燒燙的火焰催促你保持在動中、催促你放下並對實相覺醒過來。

當我不在薩桑時，我是個很安靜的人。覺性能夠以心靈、以遊戲、以你想像中最深邃的安靜形式呈現，而其中共通的元素就是空性的圓滿。如果我們眞的敞開來了，就會有豐盛。即使當它是空無的、安靜的、沒有什麼事在發生，也會有圓滿。

你就是法，你就是生命。花朵與樹木無非就是生命，而生命從不會受困於它的表達形式。生命永遠不斷獻出它的表達方式，因此這一切會一直來、一直來、一直來。它來自無，如同前一天根本不存在的花朵，隔天卻赫然出現了。生命以一朵花、一個人、一個洞見或失去洞見的形式表達它自己，但是生命卻不局限於它的表達形式。假使全世界毀滅了，生命依然不會減少，只是它的顯化形式減少了。生命依然會存在，你依然會存在。我們以如此概念性的方式來理解它，但是當地球毀滅，生命依然在。如同拉瑪那．馬哈希尊者在臨終前對關心他的學生所說的話：「他們說我要走了，但我能去哪兒呢？花朵會凋謝，但是生命會好好的，謝謝你。表達的形式會消逝、洞見會消逝、性格會改變、信念會改變。你依然在。」

AN INTERVIEW WITH ADYASHANTI
阿迪亞香提 訪談錄

二〇〇四年初，我聽見人們開始談論新興的「後禪學」老師，說他們能以非凡的眞知灼見、慈悲心，以及貼近日常生活的幽默感來解決人們的疑惑。我天生好懷疑，於是決定花一點時間和阿迪亞香提相處，以便詳細調查一番。在兩個不同的場合裡，我有此榮幸訪問了阿迪亞香提，總計幾乎達四小時的時間（這是我能專心與他四目交接的最大極限了，否則我可能會覺得頭快要裂開了）。有趣的是，每次訪談後，阿迪亞香提的臨在總是讓我覺得自己受到了天大的祝福，好似他覺醒的心如太陽般集中照耀在我身上，讓某些受限的能量模式獲得了釋放。在《空性之舞》這本書最末，我帶著感激與一顆非常溫暖的心，爲讀者呈現節錄自我們其中一場對話的內容。

譯注：訪問者譚美．賽門（Tami Simon）為美國知名身心靈出版社與有聲書製作公司 Sounds True 的創辦人。

譚美·賽門（以下簡稱譚美）：阿迪亞，我想談的這件事希望不會造成什麼麻煩。我想談談你：阿迪亞香提自己，這個人，這個人類。

阿迪亞香提（以下簡稱阿迪亞）：（笑）。

譚美：不是你有什麼想法。

阿迪亞：好。

譚美：讀完《空性之舞》之後的結論是，我心裡有了個疑問：這號人物是誰？他是乘著外星球的光束降落的嗎？他真的是人類父母所生的嗎？

阿迪亞：嗯。

譚美：我想聽一些你生平的故事。你的家庭是什麼樣子？他們是宗教人士嗎？你童年時都在做些什麼？

阿迪亞：好。我出生在一個很棒的家庭——其實我是後來才這麼認爲的，雖然當時我似乎有點明白這一點。我的父母都很好，兩個姐妹也很好：我有一個姐姐，一個妹妹。我對成長的記憶，主要是感到快樂無比。有一次有人問我父親，對我的童年印象最深刻的是什麼，他說：「他總是面帶微笑。」那就是我記憶中的童年。我和每個人一樣會遇到困難，和每個人一樣會惹麻煩，而且會幹一些蠢事。我也有難過的時刻，但是整體而言，當我回過頭看時，我對成長的記憶大致上來說是個很快樂的經驗。我總是面露微笑，而那標記了我大部分的童年生活。

我不是在一個特別注重宗教的家庭長大的，可以這麼說，雖然靈性與宗教以一種滿奇特的方式占據了我們生活的一部分。我有個爺爺是對宗教非常、非常虔誠的人。我們在家族聚會時，（我們經常聚會，因爲我所有的親戚，無論是阿姨、叔伯、祖父母、表或堂兄弟姐妹等，全都住在離我老家半小時距離的範圍內。）靈性與宗教經常是大家討論的一部分。小時候，我不會直接加入大部分這類的對話，但我會聽他們講，而且深受吸引。還有像是所有我最喜歡的電影都和宗教有關：例如查爾登·希斯頓（Charlton Heston）主演的《十誡》這一部靈性史詩巨片，還有《賓漢》（*Ben-Hur*）。因此，我早年就深受靈性與宗教的吸引，但也從來不會太刻意。另外，成長期間，我偶爾會出現一些我猜人們會稱爲神祕經驗的體驗。身爲一個小孩子，我根本從不覺得那有什麼神祕、特別，甚或不尋常。

譚美：什麼樣的神祕經驗呢？

阿迪亞：嗯，譬如說晚上會有一道白光照射在我的床尾。

譚美：像是白光球嗎？

阿迪亞：對，一個白光球就在我的床尾。和大多數的小孩一樣，我並沒有將這些事情視爲不尋常。我只會想：「噢，今晚白光球有來拜訪我。」而那總是一件十分有趣而且很酷的事。成長過程中，我有各種諸如此類的經驗。有時候，我會看著我的衣櫃或抽屜，然後發現自己融入了木料當中，與它合而爲一，我變成了我衣櫃的抽屜！當時我會覺得那是件愉快的事，而且滿有趣的，但我似乎不認爲那有什麼不尋常，因爲那只是我經驗的一部分。

邁入青春期的初中階段，我開始出現一些我從來沒告訴任何人的經驗，我把這種經驗發生的日子稱爲「那種日子」。在那種日子裡，當我在早晨醒來，那情況就像是我可以感覺到萬事萬物都是一件事。在那種日子裡，感覺就像有某個很不一樣的東西透過我的眼睛在看，某個完全神祕、非常古老而永恆的東西。我後來知道，在那種日子，我上學必須小心一點，因爲那個透過我的眼睛在看的東西想要非常仔細、專注地凝視東西，而我必須小心，不要太仔細地盯著人看，因爲接下來發生的事具有某種……我想人們會說是「力量」吧。我會凝視一個人的眼睛，而如果我凝視得太久，他們會嚇到。他們會不知所措，他們知道有種不尋常的事發生，所以他們通常會把視線移開，他們的眼神會變得好像很害怕，好像知道有什麼他們不了解的事發生了。我不想嚇人，所以我會避免太常這麼做。這種情形通常會持續一到三天左右，期間無論我到哪裡都會覺得自己與萬物合一，有種永恆的、無時間的感覺，有一種全然不同的品質造訪了我。之後，它就消失了。我一年會出現那種日子大概三次、四次或五次。

譚美：你從來沒有告訴父母這件事嗎？

阿迪亞：沒有。

譚美：老師或其他人呢？

阿迪亞：也沒有，我從來沒說過。事實上，它第一次造訪時——其實是力量最強大的一次——我還在念小學，當時我在教室外一塊柏油鋪的空地上玩，我總是在單槓上玩得很開心。我剛好停在柏油地面邊，看著另一頭草坪上所有玩耍的學童時，突然之間，好像有人把這孩子一把推開來了，然後某種無限巨大的東西透過我在觀看。我的腦袋裡或是某個地方什麼的跑出了這個念頭：我們把孩子推開了。我發現自己遠遠處於這個意識的外頭，完全被推到了一旁。情況就像我以這雙眼睛在看……現在我唯一能形容它的方式就是，我當時是透過永恆之眼在觀看。有某種東西在看，它感覺非常古老，而同時又非常年輕、天眞。我向外看，而我領悟到的第一件事就是，整個操場上——包括老師和學童——沒有人以這種方式在看。而我自己也沒有以這種方式看過。這眞是令人咋舌的經驗，它沒有嚇壞我，但它讓我驚訝萬分。這現象持續了好一會兒，可能接下來的一整天都如此。

譚美：你當時大約五、六歲？

阿迪亞：我想大約是三年級的時候，所以大概八、九歲，我猜。

譚美：你現在會怎麼看待當時「那種日子」裡發生的經驗？

阿迪亞：現在嗎？我會稱它爲一種「預先品嘗」。對一種即將來臨的、而且最後眞的來臨的一種更爲持久的東西，讓你預先嘗嘗它的滋味。它們就像小小的預先品嘗經驗，先讓你淺嘗覺醒的滋味，瞥見覺醒中的某些面向。

譚美：嗯，阿迪亞。我本來就知道你是個不尋常的人，但是在靈性圈裡，我想你是我知道的人當中第一個擁有快樂童年的人。

阿迪亞：我注意到這一點了，我也感到很驚訝。

譚美：多數我所認識的、對靈性有興趣的人，會說出類似「童年時沒有人了解我」這樣的話，總是有種「我不屬於這裡，我和別人格格不入」的感覺。

阿迪亞：對。我已經知道自己不屬於這裡，這件事從未困擾我。我知道自己和別的孩子有一點不一樣，但那就是眞正的我。就某方面來說，我有一點像個獨行俠。但是我在學校也喜歡在單槓上面玩，而且總是有幾個朋友。我的確感覺到我有些不一樣——不是特殊，只是不一樣——從一開始就是如此。基於某種理由，我從未將它詮釋為缺點，我想這大部分是因為我父母的關係。當我念小學的時候，他們發現我有讀寫障礙，我想，若是今天，我可能會被診斷為過動兒吧，很有可能。

譚美：原因是？

阿迪亞：因爲我沒辦法集中注意力，而且我精力旺盛。不過即使他們做出那種診斷，我也不會看見這一點，不會那樣看待，至少在我的經驗裡，它不會變成一個問題或不正常的事，或是一個需要吃藥、需要矯正的事情。我只是一個精力過於旺盛的小孩，而且有閱讀障礙。我看到的數字和字母都是顚倒的，在某些數學或閱讀課時，我會離開本來的教室，到特殊教育班上這些課。回顧過去，我竟然沒有感到疏離、被孤立，或是不如身邊其他小孩子的感覺，這眞是不可思議。我沒有如此看待這件事，似乎令人無法置信。我母親總是喃喃念著這個咒語——她會說：「是啊，你和別人不一樣。」然後她會說：「是啊，你很怪。」因爲我母親自己也可說是個怪胎，她有豐富的幽默感，我們總是一起玩鬧。我父母和整個家庭其實都是幽默感十足的人。她口中老是喃喃重複的咒語是：「我們很棒。你是怪胎，我是怪胎，怪胎眞是太棒了、太讚了，要對它感到開心。」身爲孩子，我內心就這麼將這句話聽進去了，我相信它。我並不會覺得怪胎是比較好的，它就只是很棒，好極了。我想我是個幸運兒。雖然我曾有許多經驗，也有許多可能會讓我覺得自己不如人，或感到孤立什麼的機會，但我從不那樣詮釋。我認爲那只是我之所是的一部分。

譚美：你投入靈性探索的動力和動機是什麼？

阿迪亞：嗯，那是件奇怪的事。有一天，我甚至不太確定在哪裡了，我讀到了關於開悟的事，好像是在一本談論禪的書裡面。至於我如何持續探索的，我也不大確定。

譚美：當時你幾歲呢？

阿迪亞：大約十九歲。當我讀到關於開悟的事，我內在有個東西突然像燈泡一樣亮了起來，它深深吸引著我。我想：那到底是什麼東西？於是它激起了我內在對這領域的興趣。鼓勵我繼續探索這個興趣的，是我一位非常非常神奇的曾姨婆，在家族裡，大家都知道她會做一些古怪的事。現在我知道她是一位靈性覺醒程度很高的人。我記得她進來房間的時候，那炯炯的眼神就像兩把火炬，我知道她的時候，她已經九十多歲了，她會做一種叫做靈魂出體（astral projection，譯注：字面意思是星光體的投射，指人的能量體中的星光體離開肉身）的事。她會離開身體，去任何她想去的地方，這可嚇壞許多人了，因為她會知道每個人會發生什麼事，而且她會知道人們何時會過世，或者他們是否過世了。她會說：「你為什麼不打電話給誰誰誰？他們快要過世了。」不過也因此，她也學會有時要閉上嘴巴。

譚美：當然。

阿迪亞：她那些通靈的能力是她想刻意隱藏的東西，只有在某一天偷偷告訴我母親。總之，我想靈魂出體聽起來很好玩，而且當時我也剛好對開悟這件事開始感興趣，因此，我買了一本解釋如何讓靈魂出體的書，裡面列出了按部就班的步驟，其中一個步驟是花十分鐘時間靜坐，然後再繼續做其他步驟。嗯，我的靈魂出體實驗完全失敗了，我好像一個永遠無法離開地表的火箭。但是當我第一次坐下來靜坐十分鐘的時候，有某種東西使我深深著迷，當時我不知道那是什麼東西，但是在靜坐當中，我接觸到了某種東西，那是一個令我爲之入迷的世界。很快地，我將靈魂出體的事全忘光了，我感覺到，靜坐之中有個對我意義重大的東西。因此，我開始靜坐，而且閱讀了幾本相關書籍。幾個星期之後，有一天早上，我醒來之後眞的領悟到那一直屬於我的生命已經不再是我的了。我就是知道「這個生命不是我的」——它屬於開悟這整件事。無論它要往哪裡去，無論它要帶領我去哪裡，我再也沒有選擇的餘地。於是，它從一個我順便追求的東西，變成一個完全占據我的東西。我發自肺腑地知道，它擁有控制權，它已接管了我，而它也將會變成我餘生的主題。然後，你知道的，那有一些恐怖，但同時也讓人興奮不已。那個時刻，就是我的生命翻轉的時刻，就在那個早上，它不是一個決定，而且我並不是在試圖逃避痛苦。

譚美：在十九歲的史蒂芬．葛雷（Stephen Gray，譯注：阿迪亞的本名）心中，是否有種存在性的絕望？

阿迪亞：嗯，當時可能有一些。每當你嘗試述說自己的故事，總是只能說出其中的一小部分。生命中有許許多多的時刻——令人絕望的分手或是一些非常、非常艱難的時刻——我不想假裝自己一生當中都不曾有過一些非常艱難的時刻。我也不想假裝那些艱難的時刻不曾在我探索開悟的過程中扮演了一個角色。我只能說，當初一開始，我所感興趣的就是：開悟這件事和眞理或究竟的實相有什麼關係？那就是我的動力來源。有一天早上我醒來，心想除非我找出到底是怎麼回事，否則我生命中的其他一切都沒有意義。

譚美：你有上大學嗎？

阿迪亞：我上了大學一陣子，最後進了一所社區大學，讀了五、六年。

譚美：你攻讀什麼呢？

阿迪亞：很多東西。我高中畢業後，第一次入學時我以爲自己想當個治療師。當時我讀了很多關於心理治療的書，或許有幾百本吧！有趣的是，我整個小學根本沒讀什麼書就混過去了，但是當開悟這件事吸引了我的注意，我便開始求知若渴地對我感興趣的書狼吞虎嚥。我以爲自己想當個心理學家，於是去上了我的第一堂心理學課程，但是，不了，我懂了，我知道那是什麼，那不是我感興趣的東西。然後，我想，或許社會學吧！於是我去上了幾堂社會學的課，然後又立刻明白，不是，這不是我要的。接著我去上了一堂東方宗教的課，那稍微接近一些，但是我又領悟到，不是，那不是我要的，我不想成爲一個宗教學者或專家。因此，我花了五、六年的時間在兩年制大學裡打轉、廝混。不知什麼原因，我對哲學很在行，但我又很快知道，不是，那不是我要的。這些人當中沒有一個眞正遇見過我要尋找的眞理，我可以分辨出來。那就是我在大學裡的情形，我的心並不在那裡。我可以說是在找一種職業，但是我也同時在尋找某種能夠解釋我內在發生之事的東西，但是我遍尋不著。於是，在社區大學修滿兩百五十個學分之後，我不再去上課了。當時我二十四歲，我不再去大學上課了。我在一間自行車行工作，我完全沉浸在對開悟的探索當中。

譚美：你當時是如何追求開悟的？

阿迪亞：我在大約二十歲的時候找到了我的老師。

譚美：可以告訴我們事情的經過嗎？

阿迪亞：我在閱讀朗姆．達斯（Ram Dass）的著作《覺醒之旅》（*Journey to Awakening*）的時候發現了她的名字。那本書最末列出了一些靈修中心。當時是二十五年前，所以只要五十頁的附錄就能把美國大部分的靈修中心列出來，現在恐怕要好幾冊的頁面才夠了。當時我對禪很感興趣，看見有個禪中心在洛斯加圖斯（Los Gatos），距離我住的地方只要十分鐘的路程——當時我想，天哪，我不敢相信有人在洛斯加圖斯教禪。事實上，我的老師（阿維斯．賈思提〔Arvis Justi〕）也不知道自己的名字怎麼會跑到那本書上，因爲她不做什麼廣告的。總之，不知怎地她名列其中。當我依照地址前往那裡時，心裡以爲自己會看見一座偌大的禪寺或類似的建築，但我發現的卻是和附近鄰居沒啥兩樣的房子，放著一個「從後面進入」的指示牌。在後面的玻璃落地窗那裡，有位年長的女士向我打招呼：「請進。」那就是我遇見我老師的經過。她非常低調地在自己家裡教禪。

譚美：你怎麼知道這是適合你的老師？

阿迪亞：嗯，那是我靈修生活的另一件怪事——它的焦點從來不在老師。我尋找老師的方式很實際，和你想學數學時要找一位好的數學老師情況類似。我對開悟感興趣，我想要有一位靈修老師，因爲他們或許能幫助我找到我尋尋覓覓的東西。我不是在找一位讓我崇拜的人。我從來沒想過有什麼人能替我做這件事，我要找的不是那個。我有一些失望，因爲我當時只有二十歲，對禪師的袍子和寺廟等這些東西存有很多浪漫的想像，而這裡就只有這位個頭小小的女士，就在我家附近——離我長大的住處只有十分鐘——我們還在她家客廳打坐。就外在看來，沒什麼令人特別印象深刻的事發生，但是基於某種理由，我一再回去那裡，一再回去，一再回去……。一段時間之後我開始明白，這就是我的老師。我的確拜訪了一些其他地方，大多數是她送我去進行長期禪修的地方。她送我去索諾瑪山禪中心進行長期的禪修，因爲她不帶長期禪修。因此，我和關老師大約有六、七年的師生關係，我每一年都會在那裡進行禪修。這些長期禪修最深刻的影響力，就是它們打開了我的眼界，讓我看見其實禪中心指出的所有眞理，在我家附近那位小小女士的家中已一應俱全。那眞是如晴天霹靂般震撼，因爲她是如此平凡，既不裝腔作勢，也不會玩弄人師角色。基於某種原因，當我離開那裡到別處禪修之後再回來，我就能看見我錯過的東西，那些在她身上已經有的東西。我眞的看見這一點了，而且對此感到非常驚訝。從那時候起，我覺得不需要再到任何其他地方了。

譚美：你相信她是個開悟的人嗎？

阿迪亞：這你必須問她。

譚美：她還在世嗎？

阿迪亞：在。事實上她每週五都會進來辦公室，或許你會撞見她。她在僧團幫我們貼標籤。

譚美：眞的嗎？

阿迪亞：我不是在開玩笑。她已經不教禪了，她請我教禪之後幾個月，她就不教了。她自己也不知道她不會再教禪，它就這麼……停了。

譚美：問到她是否開悟時，爲何你的答案是我必須去問她。

阿迪亞：因爲我不太喜歡談論別人開悟或沒開悟。而且，這聽起來可能很奇怪，當時那對我並不是特別重要。

譚美：我聽來的確滿奇怪的。

阿迪亞：是啊，我知道。現在回頭看，聽起來是很奇怪。如果我當時是以我現在的狀態去找一位老師，那就會非常、非常重要了。我不是說這件事我沒放在心上，但我所感興趣的很單純——就只是這個人是否能在過程中幫助我？這段路上她走得夠遠嗎？那才是我真正感興趣的，而我可以看到，顯然她可以在過程中幫助我，她絕對比當時的我在這段路上走得更遠許多。

譚美：而現在她負責貼標籤？

阿迪亞：是啊，在她請我教禪、自己不教之後的大約一年，她在眼睛後方發現了一顆像高爾夫球一樣大的腫瘤，必須動手術摘除——你知道那是風險很高的手術——有段時間她身體有半邊活動不良，而且手術嚴重傷害了她的記憶力和部分的認知功能。她花了好一段時間才康復，恢復到能夠再度開車到處去的程度，不過她的記憶力仍有些問題。但是我總是告訴她，她的記憶力和我的差不多，所以沒什麼好抱怨的。她這個復建過程已經持續了大約八年了，這對我是個活生生的教誨——看著她如何在看見自己該拋下老師身分時，毅然拋下老師的身分。這是個謙卑而眞實的教示。此人當了三十年的老師——就算規模較小，但仍對這個角色瞭若指掌——而現在她改成進辦公室幫大家貼標籤，因爲她依然想爲佛法盡一份心力。這是多麼了不起的榜樣！能夠眞正不被一個角色所束縛，或擔心別人會怎麼看、怎麼想。不必迎合別人的期待，而是眞正與當下發生之事面對面。直到今天她依然在教我，她做出了只有極少數人能做到的事，她透過這樣的身教來教我。她能夠眞正放下一己角色，只管進行下一件需要做的事，無論那件事是已知或未知的、隱藏的或明確的都一樣。這對我而言是個非常眞實的教導。

譚美：好，讓我們回到二十歲出頭時的阿迪亞。你在自行車行工作，你打坐，你參加一些僻靜會。

阿迪亞：我在我家後院搭起了一座小禪堂，一天打坐二至四個小時，讀了幾百本的書，大量寫作、寫日記。我從各個看似合理的角度來探索靈修這件事。在我二十多歲那個年代，環境和現在很不一樣，我沒什麼同伴。我不認識任何和我年齡相仿又興趣相投的人，我甚至極少對別人提起這件事。許多禪修的人年紀都比我大很多，因此這大多是我一個人單獨做的事。

譚美：而在某個時間點，有個轉變發生了？

阿迪亞：第一個轉變發生在我二十五歲時。我在禪修時，是以積極具攻擊性的、男性的方式逼迫自己——想要用巨大的努力和決心猛烈撞開開悟的大門，因爲那就是我過去的方式。我從小就是個運動員，而且是個優秀的自行車選手，而且我有閱讀障礙，所以我學會在工作上打敗其他人，以此方式獲得我需要和想要的東西。因此，我以爲在靈性這方面也要這麼做才有用，而禪幾乎是滋養了這種態度，你知道，就是要打坐打得比每個人都好。禪似乎無意識地鼓勵了這一點，因此有大約六到八個月的時間，我在帕羅艾爾多走路去上班時，我會一直逼迫自己，一直問：「這是什麼？這是什麼？這是什麼？眞理是什麼？」我眞的認爲自己隨時都會發瘋，因爲我覺得人類不可能長時間維持這種內在緊張的強度。我預期自己有一天會被送進精神病院，因爲我眞的將自己逼迫到某種心理上的剃刀邊緣，或者說是被逼迫。

因此，一天，我在我房間裡打坐，而這座緊張之池快要滿溢了，我想，我必須找出什麼是眞理，而且我現在就必須找到。因此我走進後院，坐下來打坐，並且費了一番好大的勁讓我的頭腦靜定不動，同時打破了一些藩籬，但我甚至不知道那是什麼。然後在短短的一分鐘之內，情況就好像我把過去五年來的努力全部搜集起來，塞進那一分鐘裡。突然之間，我明白了，我不能這麼做，我不能這麼做。我一開始說：「我不能這麼做，」便立刻感覺到一切同時放鬆下來了。當一切放鬆下來，有一種內在的爆炸出現——這是我唯一能用來形容它的方式。那情況就像有人把我插上牆上的插座。內在有個巨大的爆炸發生了，我的心跳開始加速，呼吸急促，我以為我快死掉了，因為我一輩子從來沒有心跳這麼快過。我一直是個運動員，很清楚自己心跳快到極限時是什麼感覺，這實在是超過那極限太多、太多了。我真的覺得我的心臟會爆裂。在某個時刻，我出現一個念頭，覺得這股能量會要了我的命，我想我沒辦法撐太久。我接下來的念頭是，如果這是找到真理的代價，那麼好吧，我現在願意死。那不是什麼充滿勇氣或男子氣概的事，只是一個事實，那就是：我願意死。結束，就這樣。我一對自己說出那樣的話，而且真心這麼想時，那股能量消失了。突然之間，我置身外面的虛空之中……我成了虛空。所有的一切都是空間，唯有無限的空間。在那個虛空裡，我可以感覺到類似洞見的「下載」這種情況，但它們發生得實在太快了，我連它們是什麼都不知道，每一秒彷彿有數百個洞見蜂擁而至，好像在將電腦程式下載至你的電腦系統一樣，我覺得似乎有某種東西正快速下載到我身上，它的速度太快了，以至於我根本無法了解其中任何一部分，但是我能感覺到洞見一個接一個蹦出來。因此，我坐在那裡，做為虛空，讓這些洞見下載到我的系統裡，這個現象持續了一會兒，我不知道多久，就一陣子。後來，它停止了，然後一個我顯然應該離開蒲團的時刻來到，我和往常一樣：起身，看著小佛桌上的佛像，然後頂禮。我一頂禮時，不禁笑了出來，那是我曾有過的笑聲中笑得最開懷的一次。最好玩的是我心裡想：「你這個小王八蛋，」我這麼對著佛陀說，「我追逐你追了五年。」那一刻，我終於知道了我在追逐的是什麼，我懂了，我只是不敢相信。那就像是：哇，我竟然一直在追逐我已經是的東西。因此，我大笑了一番，然後便走出去了。那是第一次的覺醒。

好玩的是，當我走到外面時，有個小聲音，也就是從那時起我就非常習慣聽到的一個小聲音，就在這充滿喜悅、極樂與巨大釋放的重大啓示當中，它說：「這還不是，繼續走。」然後我心想，可惡，難道我不能沉浸在這裡嗎？一下子都不行？但是那個微弱的聲音又說：「這還不是，繼續走。」而我知道那千眞萬確。不知怎麼地，我知道那個聲音不是在貶低剛才發生的一切，那個聲音不是在說：「這沒有價値，這不是眞實的，這不重要。」這個聲音只是說：「還有比這個更多的東西，你還沒有見到全部的面貌。你已見到了一個重要的部分，但是繼續走，不要停留在這裡。」

但是在那一刻，一切全改變了。從那時起，我那靈性追求者的能量——那種求道若渴的動力——消失了，而且永遠沒有再回來。費盡一切心力試圖獲得我已經有的東西、努力成爲我已經是的，純粹是荒謬。

譚美：你會怎麼稱呼這次的經驗？你曾說你幼年時的經驗是「預先品嘗」，那麼這次是……？

阿迪亞：我會稱它爲一次覺醒。

譚美：ＯＫ。

阿迪亞：但是我當時並不知道自己是對什麼覺醒過來，我領悟到的是，我就是那個我在找尋的。我知道：我就是我在找尋的。我就是這眞理，然後下一個問題立刻生起：這是什麼？我就是它，我知道我就是它，但是我不知道它是什麼。那是我不知道的部分。有個覺醒發生，但還不完整。那是全部面貌的一部分，或許是一個很大的部分，但是下一個問題幾乎立即出現：這是什麼？而那變成了我的下一個問題。

我持續大量打坐，外表上看起來，我做的事和以前完全一樣，因爲我知道還有更多東西，而打坐就是我探索的方式。不過，從那一刻開始，我在靈性領域發生的事多半不是發生在蒲團上，在那五、六年的時間裡，發生在靈性領域的多數事件其實是發生在我的日常生活中。我是個運動員，因此我有許多的身分認同是圍繞著身爲運動員這件事。因此，即便在那次的覺醒之後，即便當時我已不參加自行車比賽了，我仍繼續騎車、受訓，仿佛我是個競爭力十足的自行車選手似的。於是我開始質疑，我爲什麼要這麼做？我爲什麼要訓練得好像自己是個世界級選手，而我根本不是？我開始看見那是一些殘存的自我形象。你可以說那是一個很棒的自我形象——不僅是良好的體格，還有身爲一個頂尖運動健將所附帶的種種形象。

譚美：你很酷。

阿迪亞：是的，你很酷，你在身體方面可說是霸氣十足。雖然我平時對人不會霸氣十足，但是在體育的領域，我的確表現得霸氣十足。即使我開始了解到我只是試圖延續我舊有的自我形象，但不知什麼原因，我就是停不下來。

然後，大約在我二十六歲的時候，我生了一場診斷不出原因的病，它讓我在病床上躺了六個月。我的身體還可以稍微運作，但狀況非常不好，反正就是病了。我生病了，各種狀況接踵而至，六個月沒停過。六個月結束之後，當然，我身上的運動員特徵也所剩無幾了。當那位運動員從我的身體系統中被帶走時，那感覺美妙得不得了，因爲如果你虛弱得像一隻病貓，確實很難扮演充滿霸氣的運動員角色。我意識到這感覺太棒了，能擺脫那個角色的感覺眞好，那感覺非常解脫。

我希望自己可以說，那就是故事的結局，不過一年之後，當我發現自己恢復了健康時，有天早上我醒來，又開始自我訓練了，我甚至不是有意識地這麼做。我竟然又開始做起整套同樣的事。起初我沒發現自己在做什麼，直到我做得相當投入時才想到——我又在做同樣的事。我知道這是怎麼回事，這是關於自我形象、關於這個角色和面具。當我明白自己在做什麼時，我很想就此放下它，但是我還沒準備好。於是我又病了六個月，而且這次更慘。我得了鼻竇炎、肺炎、還有單核球過多症，而這些可說是解決了那個自我形象的問題。那個角色被這場病清除殆盡之後，想要重建它的欲望從此再也沒有出現過。對我而言，那是靈性旅程的自然開展。不是透過打坐來消除你的自我形象……而是經過痛苦的磨練來學習。那是大智慧接管了大局，讓我們去經歷我們必須經歷的，好讓我們能夠放下。

在那段時間裡，我也經歷了一段我會說是完全可笑的戀情，非常不健康的關係。那段關係引發出我懸而未決的陰暗面。你和你所有的弱點墜入情網，而它誘發出你內在最糟糕的東西。在我的例子裡，這段關係誘發了我的各種角色，例如助人者，而當然那完全是災難一場。幸好，它只持續一陣子便結束了，但是它和那兩場病一樣，將所有那些我習慣於認同的形象與角色——一個好人、一個親切的人、一個助人者等等——猛然揪了出來。它將它們扯出我的系統外，讓我看見它們是不眞實的、虛假的，而我之所以佩戴著它們的唯一原因，是因爲我不敢不這麼做。若沒有它們，我會是誰呢？

在那幾場病和這段關係之間，我整個人是四分五裂的。那些一點一滴的虛假從我身上被撕去。當那部分結束之後，我真的覺得非常自由，那是一件非常美妙的事。我又回到了空無當中，並且領悟到如何以一種簡單而且人性的方式，做爲虛空本身，可以站在人行道上，不覺得自己必須當任何人或表現得像任何人。想要以任何特定方式被看見的欲望，已經被扯出我的系統外了。這個撕裂的過程並不容易，而且不好玩，但是結果眞的太棒了。回顧過去，那爲我所謂的「最後的覺醒」鋪好了路。那完全清楚的覺醒，緊跟著這些撕扯的經驗來臨。事實上，它是在幾個月之後來臨的，就在我和安妮結婚不久之後。

當時我三十三歲，剛剛結婚，找到了一份眞正的工作。我開始跟著父親學習經營他的事業，因此我有了一份眞正的事業。我也開始跳脫過去的刻板生活，也就是將生活重心完全放在內在形式的靈性——在那之前，那一直是我專注的焦點。我已經將生命中的一切都暫停很長一段時間了，然後在大約三十三歲的時候，我了解到這個過程或許無法完整，我最好是好好繼續生活下去。因此，最後我結婚了，從事了一份眞正的工作。這種願意過入世生活的意願，我認爲是我個人靈性進展過程中一個相當重要的部分。在我和安妮結婚之後的幾個月——就在聖派翠克節（St. Patrick's Day，譯注：一個紀念愛爾蘭守護神聖派翠克的節日），這很有趣，因爲安妮出身自一個純正的愛爾蘭家庭與愛爾蘭傳統——我的第二次覺醒發生了。

譚美：你是否感覺到婚姻創造出第二次覺醒需要的穩定性呢？

阿迪亞：這是很有洞察力的看法，是的。我無法完全確定，但自那時起，我就覺得整件事好像少了一個東西，也就是類似穩定性的東西。而現在我有了一份事業，可以賺足夠的錢，而且我和一個很棒的人結婚了。在那時候，我生起了一個非常關鍵的智慧洞察。當我遇見安妮，然後結婚，我知道這遠遠超出了我對感情關係的期待，我做夢都沒想過會有一段品質這麼好的關係，那就是當時的情況，現在也是。那樣的理解扮演了一個十分重要的角色，因爲有一天早晨我醒來的時候，我對自己說：「這段關係比我夢想過的要好太多了，而它是不夠的。」並非這段關係需要更豐富，因爲它不需要再做任何改變了。雖然這段關係令人十足地滿意，我仍想：「這尚未讓我完整，這沒有帶我到我一直渴望深入之處。」認識到這一點著實令人震驚。你可以過著非常快樂的生活，完全依照自己的意思過活，甚至沒遭遇到什麼痛苦，卻依然發現即便是這一切還是不夠。它甚至連內在這個地方都沒有碰觸到。所以，我的生活有了穩定性之後，我想，它讓一種自然的、自發的放下得以眞正發生，因爲在人的感覺裡，總要有這些什麼讓放下進入。

譚美：你能形容一下發生了什麼事嗎？

阿迪亞：非常簡單，而且其實在它開始之前已經開始了。那天晚上，就在我準備好要就寢之前，我坐在床邊，出現了這個念頭。那不是什麼大念頭，不是什麼偉大的洞見。那是最簡單的東西，而且和我那時在想的東西完全不相干。但是有個念頭劃過我的腦袋，說：「我準備好了。」我注意到它了，眞的在五秒鐘之內我就注意到它了。然後我便去睡了，但是「我準備好了。」的意義是如此清楚明白、如此簡單。那不是我的頭腦或我的自我在說：「我準備好要撞開大門了！」那只是一個天眞的、簡單的片刻，就像一份禮物、一個事實。只是一個念頭：「我準備好了。」我沒有對它多想什麼。它沒有引起太多關注，我只是注意到它發生了而已，然後我就去睡了。

隔天，我起了個大早，因爲我要去見我的老師。在見老師之前，我通常會先早起，打坐一小段時間。我沒有特別想著什麼事，只是坐下，然後不到三十秒的時間，我聽見了鳥鳴。只是嘰喳一聲，然後一個我從沒聽過、從沒在禪修時使用過的問題，從我的直覺而不是腦袋蹦出來。一個問題自動出現，它說：「誰聽見了這個聲音？」那個問題一出現，一切頓時翻轉了，或說翻正了。在那一刻，鳥兒、聲音，以及傾聽，全部變成了一件事。確實，它們眞的被體驗爲完全相同的東西……傾聽這件事即等同於我、那聲音、鳥兒和一切。它來得非常迅速、非常突然，就只是一。

我接下來注意到的是某個念頭，而那念頭如此遙遠，我甚至不知道它是什麼內容。但是有念頭出現，接著是一個認知出現，認知到那不是我，那是念頭。而這醒來的、這覺醒的，與那個念頭一點關係也沒有。它就只是發生了，這兩者完全是分開的，對念頭沒有絲毫的認同存在。幾分鐘之後，我起身，然後我的腦袋眞的出現了一些五歲小孩子的想法，我非常好奇。我想，不知道我是不是那爐子，因此我跑到小小一間的客廳和廚房那裡，然後十分肯定，它是爐子。我又跑到浴室看著馬桶，因爲我努力要找出一個眞的不怎麼靈性的東西，然後我想：慘了，它是馬桶。然後我打開臥房的門，看著裡面的安妮，我的妻子，她還在睡覺，我了解到：它是她，同樣的東西。我在我們住了六年半的那間只有十三坪大的小屋子裡走來走去，我在屋內四處張望，而所有的東西都是它，所有東西都一樣。因此，我就那樣站在小屋裡，有趣的是，沒有任何情緒出現。沒有什麼「噢耶！」的歡呼聲或「我的天哪！」這類的情緒，那完全不存在。每一件事都清清楚楚地被看見，不會與任何經驗狀態混淆，因爲沒有任何狀態在發生。然後，我在客廳裡走了幾步，因爲客廳也只有幾步的距離那麼長。在那幾個步伐當中，意識完全覺醒了。這非常難以形容，但是它完完全全與身體分開了。在那一刻，我看見一連串的畫面，而且我立刻明白，這個覺醒的立刻明白，我一直被困在那些畫面裡面，也就是我們可能會稱爲「前世身分」的東西。我想那些都是我，我在那些畫面裡沉睡，而絕對清晰無誤的是，它不是那些東西。它不再受困其中了。它不再被那些當中的任何形相所束縛了，包括現在的形相。我也看見，現在的形象並不比五十世以前的某個形相來得更有意義，或更眞實。就這樣，只有這個覺性，完全只有它。無形、無相、無色、無有一切。無處而又遍處。在那個當下，還有一種了知，就是即使這覺性即是一切，這覺性亦超越了即是一切。如果這件事完全消失了，所有我看見的形相與每一樣東西，若它們全部消失，這個亦不會有任何減損，絲毫無損。它不可能減損。所以，那就是覺醒的大致情況。

同時，有一種比身體更大且置身其外的感覺出現，也就是身體是在那覺性或靈性之內發生的。身體在它裡面，而不是我在身體裡面。在那當中，這覺性或說意識也回到了身體內。它依然在外面，但是現在，它既在裡面也在外面。它不是只停留在外面，它再度占據了它的位置，但是這次它占據位置的時候沒有困惑、沒有任何身分認同。那情況就像早上穿衣服，你就只是把衣服穿上，不會認爲你就是那件衣服，那只是你穿在身上的東西而已。再清楚不過的是，這個形相，這個特定的人格角色，這個之前人們稱爲史蒂芬．葛雷的傢伙，只是一件衣服。這是它現在的轉世身分，它穿在身上、用來從事各種活動的東西。有件美好的事是伴隨而來的喜悅，對這件衣服、這個身分的喜悅。它和這人格角色有著極親密的關係、有著完全如孩子般的開心。就像一個小女孩穿上了灰姑娘的衣裳，然後照著鏡子說：「哇，這太酷了！」它對形相有一種驚奇感。

最後一件事情是，我踏出了另一步，卻好像是我這輩子踏出的第一步，那感覺就像我剛從子宮裡出來，感覺好像一個嬰兒，一生中第一次將他的腳放在地板上。我眞的往下看了看我的腳，然後繞著圈圈走，因為那彷佛一個奇蹟——腳踏地板，還有走路的感覺，那種感覺就像把腳踏在地板上是個奇蹟、一個絕對的奇蹟。而且，每一步都是第一步，每一樣東西都是新的，對每一樣東西都有一種親密無間、美妙與欣賞的感覺。

所以對我來說，所有這些事情是迅速地接二連三發生的。從形相中醒來，然後占據形相，然後與形相合一，然後對形相的欣賞，以及領悟到我不是形相，似乎一切都很好，我不必處於身體之外，也不必超越任何東西，因為一切都是它。當時我只知道，這是個奇蹟：這個生命、這個身軀。這就是天堂，雖然混亂，雖然愚蠢，雖然既美好又糟糕。這是，你知道的，最大的笑話——在神的手中尋找神。

就是這樣了，其實非常簡單，非常、非常簡單。而這過程中出現的還有對平凡的享受。已經不需要再發生什麼非凡之事了——非凡的經驗不需要發生，只有對平凡的享受。我可以談論所謂的眞理或靈性議題，也可以和某人談論足球或日常雜貨……突然之間，那都沒有關係了。直到今天，我仍經常對人們說——他們常常不相信——但我說：「對我而言，薩桑時段和談論其他任何事可以說是一樣的。」那再平常不過的一切，變得完全令人滿足。當然，看見有人覺醒，甚或看見他得到一些轉化，也是相當令人滿足的一件事。那就像是一些特別亮眼的事情，但是有一種對平凡事物的愛存在，對我而言那是最美的事情之一——我生命中再也不需要發生什麼非凡的事了。只是存在，已經是一種奇蹟。

譚美：阿迪亞，你稱這個爲「最後的覺醒」，但是假如你在未來數十年間還會出現另外的、了悟到更深層面的覺醒呢？你認爲這可能嗎？

阿迪亞：我很高興你提到這件事。我之所以稱它爲「最後的」，有一個特別的原因。當我說「最後」，不盡然是說不可能發生另一次覺醒，當然那是可能的，誰知道呢？對嗎？我們永遠不知道，這畢竟無窮無盡的事。但是當我說「最後」，我的意思是，經由這一次的覺醒，我以一個全然透徹的方式了悟了眞正的我。那是在一個沒有任何情緒的全然純粹狀態下了悟的。沒有對它的能量、沒有欣喜得意。當我說「最後」，我的意思是我徹見了它。不再有任何東西要尋找，不再有任何一個問題留待靈性方面的回答。因此我稱它爲最後的，因爲它好比一道分界線，某一段生命和某一段旅程已帶領我來到了那個點，然後一旦我踏出那個地方，一切將不會再和從前一樣了。我過去所投入的那一段旅程，很顯然已經乾淨俐落地結束了。它結束了，永遠不會再回去。對我而言，那就是我所謂的最後的。那是否表示已經沒有其他東西可看了呢？永遠有其他東西可以看。

譚美：你說，你在二十五歲第一次覺醒的時候，領悟到你所追尋的就是你，但是你仍然有個問題「那是什麼？」

阿迪亞：那是什麼？是的。

譚美：那麼，你在最後的覺醒裡有什麼發現？

阿迪亞：這是個好問題（笑）。我會盡力回答，但那是個不可能回答的問題。

譚美：所以你已經不再問問題了。

阿迪亞：沒錯，好玩的是，問題的答案就是問題消失了，那就是那個問題的答案。情況不是你得到一個可以放在口袋裡的一個好答案。

譚美：你不能說那是愛和智慧或其他類似名詞嗎？

阿迪亞：不行不行。它遠在愛和智慧之前。它是愛和智慧的發源地。那是似非而是的矛盾，但是我們對自己知道得越多、我們越是知道自己是什麼，我們就會更加明白，眞正的我們在本質上是永遠無法被了知的。因此，你和我，我們都是不可知的，而由於那不可知的就是不可知的，它無法被了知，不是因為有所缺乏，而是因為那不可知的，在根本定義上就是不可知的。因此，在佛教裡，他們會稱它為空性或真空或「**順雅它**」（shunyata，譯注：空的梵文音譯）。在猶太教某些宗派裡，就連以任何形式提及神這個字，都會被視為異端。我想這些指示來自於那似非而是的矛盾經驗——你知道你是什麼，但是你也知道你是個奧祕。

你看，我們不能稱它為任何東西，我們對純粹的潛能無話可說、無事可知。我們只有在那潛能顯化為某種東西的時候，才可能去知道。在那之前，它只是純粹的潛能。它是純粹的空或純粹的智慧，或你想怎麼稱呼它都行的東西。對我來說那是個矛盾——我已經了知我是什麼，但現在我知道，我是那個永遠無法被了知的，因為那就是它的本質。因此，有趣的是，就某方面而言，你幾乎是在你開始的地方結束，你在開始的時候也不知道你是誰、不知道究竟實相為何。差別在於，你最後知道了你就是那個你永遠無法了知的。因此，那個奧祕變成有意識的，它對自己覺醒過來了，它了知了它自己，它就是「我是」（I AM），如同它在《聖經》中所說的。但是你會注意到它沒有定義，它就只是「我是」。那是奧祕在宣稱它自己，就只是如此。

譚美：我聽說有件有趣的事，就是你在第一次覺醒的三個月之後，才告訴你的老師這件事。我覺得那似乎很奇怪。

阿迪亞：當時似乎沒有任何理由這麼做，那是如此完滿的一種感覺。在某種意義上，它是非凡的，但是它卻感覺非常平凡，不會讓人覺得是一件必須衝出門外告訴別人的事。我沒有那種自己需要被確認的感覺，我不需要它被聽見，我不需要有人了解它，它是所有那些心理需求的完全脫落。而事實上我告訴我老師的唯一理由就是，幾個月之後，我回顧這件事並且心想：噢，這就是她十五年來一直在對我說的東西，也是她在我一路上投注這麼多心力與慈悲心的原因。我想她如果知道應該會很好。那就是告訴她的動力來源。需要任何東西的欲求完全不存在，而那就是眞正的標記之一。你不覺得你需要告訴某人，或需要有人來拍拍你的肩膀認可你。

譚美：你提到你人生中有一度曾閱讀了大量的書籍，有任何書眞的對你產生重大影響嗎？

阿迪亞：有啊！第一本書應該是你猜都猜不到的，甚至也不再是我現在會感興趣的書了。但是在當時，它對我產生了很大的影響。我在二十四歲的時候讀到這本書，就在我第一次覺醒前沒多久。那是聖女德蘭（St. Teresa，譯注：應是指亞維拉的德蘭〔St. Teresa of Avila〕，常稱聖女大德蘭，十六世紀西班牙羅馬天主教修女、神祕主義者、聖者）的自傳。

譚美：很有趣！

阿迪亞：是啊！因為我算是個佛教徒，而佛教是非常偏重非神論的，然而我發現自己無法自拔地深受基督教的神祕主義（mysticism）所吸引，其中我拜讀的第一本書就是這本自傳。我走進書店，翻開這本書，只讀了前兩頁已經神魂顛倒，完全墜入愛河了。我真的愛上了這位我從未見過的聖者，我也不了解為什麼。但那帶來的衝擊很大，結果我狼吞虎嚥地讀完了那本自傳，然後繼續閱讀了五、六本，或七本關於她和她生平事蹟的書……而且我在兩年的時間裡，另外還讀了一大堆關於基督教神祕主義的書。但是那本書為我敲開了大門，回顧過去我才明白那到底是怎麼回事、才明白我對基督教神祕主義的瘋狂探索對我有什麼意義。那是因為，它幫助了我開啓了我的心。我的禪修在這方面無法為我做太多，我需要一些東西來幫助我開啓非常、非常深層的情感面向，而禪在這方面有些貧乏。因此自然而然地，我發現了我當時需要的東西，那本書適逢其時。它讓我在情感上大大地敞開，它是在完美的時間點出現的完美東西，所以，那真的是對我很重要的一本書。

另一本對我而言很特別的書是由尼薩伽達塔．馬哈拉吉所作的《我是那》（*I Am That*，譯注：亦有人將此書譯為《大君指月錄》）。我在三十三歲那次覺醒前曾略微讀過這本書，但是當時沒什麼太特別的。覺醒之後，我再讀《我是那》，發現它是我在覺醒經驗之前或之後所發現的書當中，最能夠清楚表達那經驗的，就好像有人將我的切身經驗化爲了文字。它完全反映在那本書裡面，好像我在照鏡子一樣。所以，那也是很重要的一本書，不是針對我的追尋過程而言，而是它反映出我。

接下來要說的有一點離題，但和閱讀這件事有關。雖然我和許多靈修老師一樣，在教導裡談了很多關於你無法用頭腦來理解覺醒，當某個時刻來臨，你必須跨越讀書這件事，但是同時，當我回顧自己的經驗時，我看見自己雖然從未在任何書本上獲得眞理的了悟，因爲你不可能，但是閱讀對我來說卻扮演了一個非常重要的角色。它是一把雙面刃，有時候的確會阻礙你——充滿概念、想法與互相衝突的觀點——但是當時閱讀卻是我旅程中非常重要的一部分。透過閱讀，我將自己腦袋裡的東西沖刷出來。它們有助於讓我對一些事情看得更清楚。就這個意義而言，我想靈性的智識層面——經常不受重視，而且理由絕佳——有時候的確被低估了。雖然你無法在書裡找到眞理，書有時候卻可以讓我們頭腦還有心裡的幾個點連接起來。書有時候能爲我們帶來非常重要的敞開。因此，我想智識能力如果不操控一切，而且不是純粹關於智識的話，其實可以在靈性覺醒中扮演重要的角色。如果你在適當的時間讀到適當的書，它能激發你對某些事的認識，那也是老師的工作之一。我們現在正坐在房裡談話，不是嗎？這是智識上的內容，但是我們的目的是激發閱聽者更深層的智慧。一本書可以做到這一點，如同一位老師也可以。你可能會讀到一個句子，然後它激發出某些東西，不是來自你頭腦的東西，而是洞見層次的東西。你知道那屬於洞見層次，因爲當你有個洞見的時候，你的整個身體都會唱歌，你的整個肌肉運動都會涉入其中。就那樣的意義而言，如果語言文字能激起我們內在的生氣，那麼它就非常有用。我們內在可能有一部分會說：「噢，這個我知道。我只是不知道我已經知道了。」語言文字能夠將無意識的東西拉出來，帶入意識當中。

譚美：你覺得透過閱讀，會有一種「傳遞」（transmission）發生嗎？

阿迪亞：絕對有。我們所做的每一件事都攜帶著我們是誰的那一份傳遞或臨在（presence）。我們不必眞的與人有實質的接觸。事物本身會攜帶著涉入之人的那一份傳遞。一本書能夠傳遞作者的意識或臨在。當你很敏銳的時候，這其實是件很有趣的事，如果你夠敏感，你會在每一本書中察覺到作者的臨在。靈性書籍、非靈性類的報紙文章……任何東西。你可以開始察覺到作者的意識狀態，而當然，在靈性上這力量是非常強大的。文字和書籍能夠傳遞，那就是我爲什麼認爲《我是那》這本書的力量是那麼地強大。重點不是那些文字，重點是說出那些話的存在。那就是爲什麼人們會深深爲它著迷的原因。所有那本書上說過的話，過去都有人說過了，但是很顯然，重點不只是那些話，而是誰在說那些話。

譚美：當人們與你同在，或是當他們讀你的書時，他們察覺到有種傳遞在發生，你認爲那是什麼樣的情況呢？

阿迪亞：我們有了相會，那確實是傳遞。空遇見了空。

譚美：那是否一定能讓學生獲得轉化呢？

阿迪亞：怎麼說好呢？讓我們這麼說吧，那是教導裡最有力的元素。我有些猶豫要不要這麼說，因爲我一這麼說，人們就會表現得好像老師會替他們做這件事，但事情並非如此。老師可以將火光點燃，但是老師不會爲你完成這個過程。對那些感到與內容深深相應、產生共鳴的人而言，傳遞力量是最強的。如果有共鳴，潛能就會被點燃。一旦潛能醒過來了，你就要對接下來所發生的事負責，不可以呆坐原處等待老師替你做，或等待老師的傳遞，因爲如此一來你會進入一種依賴的關係。你在心理或情感上一旦進入依賴關係，傳遞效果便會大大減弱，它當場就會被殺死，就像火上澆水一樣。我們必須爲自己的轉化負起責任，因爲沒有任何老師能以任何方式替我們做這件事。我們必須自己去做這件事，我們必須自己去尋找。與某人同在或許能自然點起一道火光，但是你自己必須照顧那道火光。

ACKNOWLEDGMENTS
致謝

衷心感謝以下爲本書的付梓貢獻心力者（以英文原名表示）：

編輯 Bonnie Greenwell, Marjorie Bair, Prema Maja Rode。

校訂 Barbara Benjamin, Dwight Lucky, Tara Lucky, Priya Irene Baker, Alison Gause, Gail Galanis, Ed West, Barbara Glinn, Gray myers。

協力編輯 Dorothy Hunt, Gary Wolf, Jenny Stitz, Stephan Bodian, Eric Schneider, Shannon Dickson, Jerilyn Munyon。

錄音 Larry Gray, Peter Scarsdale, Nancy Lowe, Charlie Muphy。

錄音謄寫 Hamsa Hilker, Rosanna Sun, Annie Gray, Kamala Kadley, Marna Caballero, Dorothy Hunt, Valerie Sher, Peter Humber, Michael Coulter。

志工管理 Pralaya。

法律顧問 Gary Wolf。

原版平面美術設計 Susan Kurtz, Diane Kaye, Rita Bottari, Wil Nolan, Prema Maja Rode。

特別感謝親臨開示錄音現場的所有志工和與會者。

Inspirit 08

空性之舞

覺醒於你真實的自己，了悟頭腦、心靈以及存在的實相（三版）

作　　者　阿迪亞香提
譯　　者　蔡孟璇
社　　長　張瑩瑩
總 編 輯　蔡麗真
副 主 編　徐子涵
行銷企劃　林麗紅
封面設計　羅心梅

出　　版　自由之丘文創事業
發　　行　遠足文化事業股份有限公司（讀書共和國出版集團）
　　　　　地址：231 新北市新店區民權路 108-2 號 9 樓
　　　　　電話：（02）2218-1417　傳真：（02）8667-1065
　　　　　電子信箱：service@bookrep.com.tw
　　　　　網址：www.bookrep.com.tw
　　　　　郵撥帳號：19504465 遠足文化事業股份有限公司
　　　　　客服專線：0800-221-029

法律顧問　華洋法律事務所蘇文生律師
印　　製　前進彩藝有限公司
初　　版　2013 年 12 月
二　　版　2017 年 12 月
三　　版　2023 年 08 月

I S B N　9786269648368（紙本書）
　　　　　9786269764105（PDF）
　　　　　9786269764112（EPUB）

歡迎團體訂購，另有優惠，請洽業務部（02）2218-1417 分機 1124

國家圖書館出版品預行編目資料

空性之舞：覺醒於你真實的自己，了悟頭腦、心靈以及存在的實相 / 阿迪亞香提 (Adyashanti) 著；蔡孟璇譯. -- 三版. -- 新北市：自由之丘文創事業出版：遠足文化事業股份有限公司發行, 2023.08

面；　公分

譯自：Emptiness dancing.

ISBN 978-626-96483-6-8(平裝)

1.CST: 禪宗 2.CST: 佛教修持

226.65　　　　112011711